ANNETTE FECHNER

Der astrologische Garten

Ein kreativer Umgang mit dem Horoskop

CHIRON VERLAG

Deutsche Erstausgabe

Umschlag: Walter Schneider unter Verwendung
einer Zeichnung von Annette Fechner
Druck : Finidr

Para Elisabeth

Zu beziehen über den Buchhandel oder direkt beim
Chiron Verlag, Postfach 1250, D-72002 Tübingen
www. chironverlag.com

ISBN 3-89997-106-X

Inhalt

Vorwort

In der astrologischen Literatur der jüngeren Vergangenheit begegnet uns immer häufiger der Begriff der kreativen Astrologie. Geführte Meditationen und Fantasiereisen werden diesem Terminus ebenso zugeordnet wie Astrodrama oder Planetenstellen. Allen diesen Ansätzen ist eines gemeinsam: Sie wollen die Symbolsprache der Astrologie erlebbar machen.

Das vorliegende Buch wählt einen ganz anderen Ansatz. Einerseits spielt die praktisch erfahrbare Astrologie eine ganz entscheidende Rolle, dazu kommt aber auch der Aspekt einer harmonischen Ordnung des Raumes. Anstatt die Gestaltung des Gartens dem Zufall zu überlassen, gibt die Autorin praktische Anregungen, wie man bestimmte astrologische Archetypen im Garten abbilden und so eine direkte Auseinandersetzung mit dem eigenen Horoskop erleben kann. Sie stellt die Anlage von Gärten nach den vier Elementen vor und beschreibt ausführlich die Gestaltung des Gartens nach Planetenprinzipien.

Für den mit Astrologie vertrauten Gartenbesitzer eröffnet sich damit ein breites Spektrum an Möglichkeiten. Jedem Jahr wird ein Jahresregent zugeordnet, man könnte also seinen Garten jährlich nach dem jeweiligen Jahresherrscher gestalten. Eine individuellere Variante wäre die Umsetzung eines Solarhoroskopes, um das Jahresthema sinnlich zu erfahren. Auch die Bekanntschaft mit den Transiten, vor allem der äußeren Planeten, lässt sich mit der von der Autorin vorgeschlagenen «homöopathischen Methode» umsetzen, indem man die transitierenden Planeten in der Gestaltung des Gartens zum Ausdruck bringt und sich so mit dessen Energie beschäftigt.

Eine weitere Möglichkeit bietet die Abbildung des eigenen Horoskops. In einem Kreis, beginnend mit dem Aszendenten im Osten, bepflanzt man je ein Zwölftel nach den beschriebenen Planetenprinzipien, indem man die jeweiligen Regenten der Tierkreiszeichen verwendet. Je nach Größe des Grundstückes könnte auch das Haus im Mittelpunkt stehen und der es umgebende Garten insgesamt nach dem Horoskop gestaltet werden.

Paare können einen Synastrie-Garten anlegen und jeweils eine Hälfte nach den im Buch beschriebenen Regeln bepflanzen. Oder wie wäre es mit einem Combin-Garten? Eine weitere Ausgangsbasis könnten die sogenannten Standorthoroskope darstellen. Bei dieser Methode werden die Radixplaneten auf den Horizont projiziert, so dass jeder Planet in eine eigene Himmelsrichtung weist. Wenn nun die persönliche Neptun-Linie z.B. nach Südosten verläuft, dann wäre es sicher geeigneter, in dieser Himmelsrichtung einen Teich zu platzieren, als ausgerechnet den Grillplatz. Was liegt also näher, als auch den Garten passend zu den Planetenlinien zu bepflanzen. Und ein noch weiter reichender Gedanke: Firmen könnten im Sinne einer umfassenden Corporate Identity ihr Gründungshoroskop gestalten lassen, vorausgesetzt sie haben überhaupt eine zu gestaltende Grünflache.

Die praktischen Anwendungsmöglichkeiten – das hat dieser kurze Abriss hoffentlich angedeutet – sind unendlich vielfältig. Die Autorin hat nicht nur ein Buch über die kreative Astrologie im wahrsten Sinne des Wortes geschaffen. Sie hat für die erfahrbare Astrologie vielmehr eine ganz neue Türe geöffnet.

Reinhardt Stiehle *Tübingen, Januar 2004*

Einleitung

Es ist ein großes Glück, einen Garten zu besitzen. Er ist quasi ein zusätzlicher Wohnraum im Freien, unmittelbar zu erreichen. Man kann in ihm eigenes Gemüse, Kräuter und Schnittblumen anbauen. Er ist außerdem ein geschützter Kinderspielplatz gleich vor der Tür. Man kann in ihm grillen, basteln und das Fahrrad reparieren. Es ist dort Platz für die Sonnenliege, das Meerschweinchengehege und die Feuerstelle. Man kann die Wäsche an der frischen Luft trocknen und Küchenabfälle zu guter Komposterde werden lassen. Er bietet an heißen Tagen ein ruhiges Plätzchen im Schatten für die kleine Pause. Man kann alle seine Lieblingspflanzen in ihn setzen, großziehen und bewundern. Er bietet darüber hinaus die Möglichkeit, kreativ zu sein, mit Erde, Pflanzen und Steinen die eigene Umgebung zu gestalten und auch Kunstwerke können hier einen Platz finden. Für Städter ist ihr Garten der alltägliche Kontakt zur Natur, Gartenarbeit entspannt zudem und kann glücklich und zufrieden machen.

Genau wie der Wohnraum zeigen Gärten die persönlichen Vorlieben ihrer Bewohnerinnen und Bewohner an Formen und Farben. Aber man findet in ihnen auch Moden und Trends wieder. Entweder zeigt sich dies in einzelnen Bäumen, Sträuchern und Stauden, die in bestimmten Jahren häufig gepflanzt werden, oder der ganze Garten ist in einem gerade »angesagten« Stil gehalten. Unter den in den 80er Jahren angelegten Gärten zum Beispiel findet man häufig Naturgärten mit wilder Wiese und

Vogelschutzgehölzen, während heute der moderne englische Staudengarten oder auch der italienische Stil boomen.

Ich möchte mit diesem Buch all denen Anregungen geben, die mehr von ihrem Garten wollen als eine Mode oder einen Trend widerzuspiegeln. Es soll die Möglichkeit gezeigt werden, den eigenen Garten auf ganz individuelle Art und Weise zu gestalten, indem die Bildersprache der Astrologie in Gartenbilder übersetzt wird und das eigene Horoskop als Grundlage der Gestaltung dient.

Diese Idee ist aus meinem Wunsch geboren, der Gartengestaltung einen Inhalt zu geben, der über Funktionalität und Ästhetik hinausgeht. Diejenigen, die sich selbst einen »astrologischen Garten« anlegen wollen, brauchen hierfür ihr Geburtshoroskop, ein wenig Ahnung von Pflanzen, Steinen und Gartenarbeit, einige Grundkenntnisse in der Astrologie sowie Begeisterung (sprich: die Fähigkeit und den Willen, einer Sache Geist zu verleihen).

Denjenigen, die keinen Garten haben und/oder deren Interesse mehr dem astrologischen Teil gilt, kann dieses Buch möglicherweise dabei helfen, das bildhafte Denken, welches für das Verständnis der Astrologie und das Arbeiten mit ihr wichtig ist, zu vertiefen. Hierfür werden die vier Elemente und die zwölf Planetenprinzipien, die die wesentlichen Bausteine der Astrologie sind, auf unterschiedlichen Ebenen (Natur, Mythen, psychische Ebene, Gartenbild) beschrieben. Und hat man sich schließlich dieses symbolhafte Denken angeeignet, kann man es bei der Gestaltung jedes Lebensbereiches anwenden, handelt es sich nun um den Garten oder die Wohnung, die Kleidung oder das Essen ... Ihrer Fantasie sind keine Grenzen gesetzt!

Astrologie – eine Vereinbarung

Die Astrologie ist eine uralte Wissenschaft. Die ältesten schriftlichen Überlieferungen stammen von den Sumerern. Beobachtungen der Himmelskörper hat die Menschheit schon seit Urzeiten vorgenommen. Stonehenge in Südengland ist höchstwahrscheinlich ein Beispiel hierfür und es gibt Höhlenfunde in Frankreich, die darauf hinweisen, dass bereits in der Altsteinzeit Menschen diese Höhlen zur Sternenbeobachtung genutzt haben.

Das Beobachten und Messen der Bewegungen von Himmelskörpern ist zunächst »nur« Astronomie. Erst die Übertragung der beobachteten Rhythmen sowie das Festhalten der Übereinstimmungen mit Ereignissen des menschlichen Alltags bzw. der Geschehnisse auf der Erde nennen wir Astrologie.

Der Grund für die Übereinstimmungen zwischen der Sternstellung und den weltlichen Ereignissen ist nicht der, dass die Sterne das menschliche Handeln bestimmen. Sie zeigen lediglich eine bestimmte Zeitqualität an. Und diese Zeitqualität spiegelt sich auch bei uns wider. Es gilt der Grundsatz: wie im Großen so im Kleinen, wie außen so auch innen. Immer gibt es aber mindestens zwei Möglichkeiten, diese Zeitqualität zu leben, sie zu nutzen oder sich ihr ausgeliefert zu fühlen.

Astrologie ist eine Vereinbarung. Die Vereinbarung, die Rhythmen und Prinzipien des Kosmos zu nehmen und der Interpretation menschlichen Seins und Handelns zugrunde zu legen. Der Umgang mit Astrologie fordert außerdem die Vereinbarung, in Analogien zu denken, denn die Astrologie ist auch die Lehre von den archetypischen Urprinzipien. Um »astrologisch« zu denken, müssen wir die geistigen Bedeutungen von Formen und Symbolen erkennen lernen. Oder wie Thorwald Detlefsen es ausdrückt, wir müssen lernen, »senkrecht« zu denken.

In unserer heutigen, modernen Welt denkt man »waagerecht«. Man teilt alle Dinge und Seinsformen in Gruppen ein, wie zum Beispiel in die Gruppen der Tiere, der Pflanzen, der Metalle und der Farben. Um den Unterschied zum »senkrechten« Denken besser zu verstehen, stellt man sich am besten einen Wissenswald aus hohen Bäumen mit vielen waagerecht abstehenden Seitenästen vor. Diese horizontalen Zweige oder Ebenen verkörpern unsere heutige Wissenschaft. Wenn wir von oben auf den Wald schauen, liegt alles Wissen vor uns ausgebreitet, einiges ist offensichtlich und leicht erreichbar, um anderes zu verstehen, muss man dagegen tiefer liegende Zweige erforschen.

Auf der Zweigebene, die die Gruppe der Tiere zeigt, finden wir unter anderem den Krebs, den Schmetterling und den Löwen. Andere Zweige auf gleicher Höhe tragen die Gruppe der Pflanzen, und hier sehen wir zum Beispiel die Kirsche, die Ulme und die Esche. Wieder eine andere Ebene stellt die Gruppe der Metalle dar, wie Silber, Quecksilber und Gold. Auf der Zweigebene der Farben gibt es zum Beispiel Hellrosa, Hellgrau und Goldgelb. Gehen wir in den Wald hinein (sprich: verändern wir unsere Sichtweise), erkennen wir, dass jeder Baum für ein Urprinzip steht und dass aus jeder der eben betrachteten Gruppen mehrere Zweige zu ihm gehören. Denn seine Zweige liegen in verschiedenen Ebenen und sie alle repräsentieren diesen Archetyp. Auf dem Stamm eines Baumes steht zum Beispiel Mondprinzip; an diesem Baum finden wir unter anderem die Zweige mit Krebs, Kirsche, Silber und Hellrosa. Ein anderer Baum ist betitelt mit Merkurprinzip. Unter seinen Ästen befinden sich die Schmetterlinge, Ulme, Quecksilber und Hellgrau. Die Zweige mit Löwe, Esche, Gold und

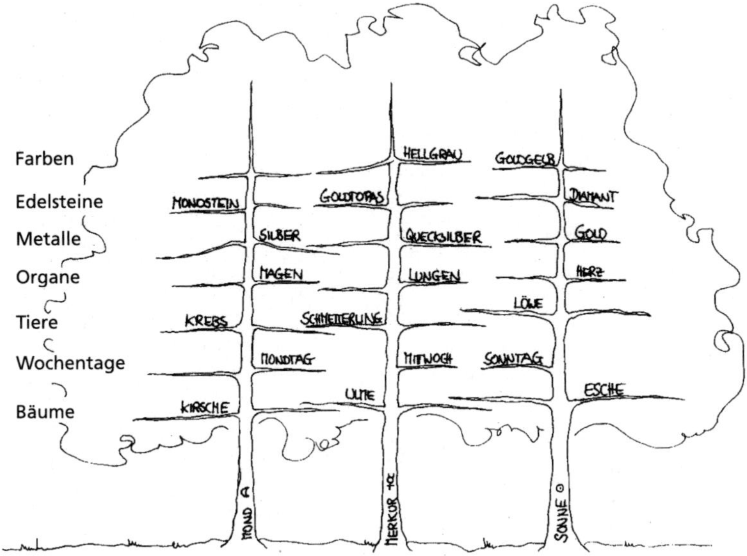

Abb. 1. Wissenswald

Goldgelb wachsen an dem Stamm, der den Namen Sonnenprinzip trägt.

Wenn wir uns die Methode des »senkrechten« Denkens deutlich gemacht haben, können wir die Bildersprache der Astrologie besser verstehen. Die Namen der Bäume haben schon gezeigt, dass die in der Astrologie verwendeten Planeten für ein Urprinzip stehen und dass hinter diesem Urprinzip eine ganze Reihe von Erscheinungsformen auftauchen, wie ihm auch Eigenschaften und anderes Immaterielles zugeordnet werden. So gehören neben dem Silberreiher, dem Aluminium und der Farbe Algengrün unter anderem auch das Träumen, das Chaos, die Intuition, die Fantasie, der Schleiertanz, Astralreisen, die Illusion und die Sehnsucht zum Prinzip Neptun. Neptun ist der Herrscher des Tierkreiszeichen Fische, und entsprechend sind die so genannten typischen Eigenschaften der Fischegeborenen wie zum Beispiel Sensibilität, Hingabefähigkeit, Opferbereitschaft, Musikalität und Spiritualität ebenfalls Ausdruck des Neptunprinzips.

Die Bildersprache der Astrologie ist ein Denkgebäude. Sie ist eine Möglichkeit, sich die Welt und das Leben zu erklären, und das analoge Denken beinhaltet die Chance, die bloßen Formen der sichtbaren Welt mit Inhalt zu füllen, ihnen eine Bedeutung zuzumessen und sie so »bedeutungsvoll« zu machen.

Und die Astrologie ist auch ein Mittel zur Selbsterkenntnis. In unserem Geburtshoroskop (auch Kosmogramm genannt) ist die Stellung der Gestirne zum Zeitpunkt und für den Ort unserer Geburt schematisch festgehalten. Diese Abbildung des Kosmos zeigt uns die Qualität genau dieses Zeitpunktes an jenem Ort. Sie zeigt uns auch, dass *alle* Prinzipien in jeder Person zu jeder Zeit vertreten sind, nur in unterschiedlicher Gewichtung und Färbung. Wie alles andere unterliegen auch wir Menschen mit unseren Charaktereigenschaften und Fähigkeiten sowie aufgrund der Außenbedingungen, in die wir mit der Geburt eintreten, dieser Zeitqualität. Und entsprechend können geschulte Astrologinnen und Astrologen anhand eines Geburtshoroskops die Lebensaufgaben dieses Menschen erkennen.

Damit ist die Wissenschaft der Astrologie eine Möglichkeit, Menschen bei ihrer Selbsterkenntnis und Weiterentwicklung im Leben – entsprechend dem eigenen Anspruch und der individuellen Geschwindigkeit – zu unterstützen.

Wir haben gesehen, dass man, um astrologisch zu denken, die Bedeutung beziehungsweise die Idee von Formen und Symbolen sehen lernen muss. Genauso ist es aber auch umgekehrt möglich: Wenn man gestalterisch tätig ist, kann man dem Gebauten durch bewusste Auswahl von Material und Formgebung einen bestimmten gewünschten Inhalt, sprich: Symbolgehalt, geben.

Wir finden diese Herangehensweise zum Beispiel bei der

symbolhaften Kunst der Alt- und Jungsteinzeit. Auch die Architektur von mittelalterlichen Gebäuden und Kathedralen spielte mit Symbolen und Allegorien, und – zeitlich nicht so weit entfernt und im Bereich Garten – finden wir symbolisches Bauen und Gestalten in den japanischen Zen-Gärten. Letzteres und wie man mithilfe der Astrologie symbolische Gärten anlegen kann, wird im nächsten Abschnitt näher erläutert.

Der symbolische Garten – eine Möglichkeit der Selbstspiegelung

Im Gegensatz zu unseren westlichen Gärten haben die Zen-Gärten in Japan einen hohen Symbolgehalt. In ihnen werden bestimmte Symbole mit Pflanzen, Wasser, Felsen und Steinen, Sand und Kies, architektonischen sowie dekorativen Elementen dargestellt. Die Pflanzen stehen für Harmonie und Fülle, die Felsen und Steine für Raum und Energie, Sand und Kies bringen Schlichtheit und Gelassenheit. Das Wasser sorgt für Ausgewogenheit und Stille, mit den architektonischen Elementen schafft man Ausblicke und Blickpunkte und die dekorativen Elemente bieten Anregung und Schönheit.

Und diese Form der Gartenkunst geht noch weiter. Sie integriert Symbole, die Bestandteil uralter, überlieferter Mythen sind. So gibt es zum Beispiel Anordnungen von Felsen in einem Trockenfluss, die einen *Kranich* darstellen. Der Kranich kommt in einem wichtigen Mythos vor, der von einer fünf Inseln umfassenden Inselgruppe handelt. Sie heißen »Inseln der Glückseligkeit« oder »Paradiesinseln«. Die Bäume auf ihnen waren mit Edelsteinen bedeckt, und wenn man von ihnen aß, konnte man Unsterblichkeit erlangen. Die auf den Inseln lebenden *Hsien* – die Unsterblichen – flogen manchmal auf dem Rücken von riesigen Kranichen von einer Insel zur anderen. Der Kranich gilt deshalb immer noch als Symbol für ein langes Leben.

Die Schöpfer dieser Gärten verstanden es als ihre Aufgabe, an die Mythen und damit an den uralten Lebenskreis der Welt zu erinnern. Die Menschen sollen bei der Betrachtung der Gärten ihrer Ahnen gedenken und die Ordnung des Kosmos sowie die Einordnung des Menschen in den Kosmos spüren können.

Diese Symbolik füllt die Gartenkunst mit geistigem Gehalt, einem Inhalt also, der in unserer heutigen westlichen Gartengestaltung weitgehend fehlt. Bei uns geht es fast ausschließlich um Funktionalität (die Terrasse muss groß genug sein für einen Tisch, sechs Stühle und den Grill) und um Ästhetik. Und bei der fortdauernden Suche nach allgemein verbindlichen Regeln für Schönheit wird immer wieder vergessen, dass das Schönheitsempfinden der Menschen wie alle anderen Empfindungen auch subjektiv ist.

Ich bin durchaus dafür, dass ein Garten funktioniert (wenn der Tisch mit einem Bein in der Staudenrabatte steht, weil die Terrasse zu klein ist, ist das nicht der Fall), und natürlich sollte er auch schön sein – in den Augen seiner Bewohnerinnen und Bewohner. Beides lässt sich miteinander und außerdem mit einem symbolischen Inhalt vereinbaren! Doch die Darstellung von zum Beispiel einem Mythos oder einem der Natur innewohnenden Archetyp lässt die Frage nach Schönheit zweitrangig erscheinen. Es geht weniger um die Hülle als um den Inhalt. Stattdessen stellt sich die Frage, was dargestellt ist und was die Betrachtung des Gartens oder des Kunstobjcktes bei dem Betrachtenden auslöst. Weitergehend kann sich jeder und jede Betrachtende dann fragen, warum er oder sie auf die eine oder andere Art und Weise berührt ist. Hier beginnt die Möglichkeit der Selbstbespiegelung.

Nun bietet es sich meiner Ansicht nach nur bedingt an, einen Garten bei uns mit Bildern aus japanischen Mythen zu füllen, denn wir entstammen einem gänzlich verschiedenen Kulturkreis, der mit anderen Mythen und archetypischen Bildern arbeitet als denen der fernöstlichen Kulturen. Die Astrologie ist dagegen seit langem in der abendländischen Kultur verwurzelt und arbeitet mit Bildern, die sich auch in unseren Märchen und Mythen wiederfinden. Das in unserer »aufgeklärten« Welt immer noch gültige »senkrechte« Denken findet man auch in

Sprichwörtern. Wenn wir z.B. sagen: »Da hast du aber Schwein gehabt«, setzen wir das Schwein mit Glück gleich. Beides untersteht dem Jupiterprinzip. Jupiter steht im Horoskop für das »große Glück«. Genauso gehört Holz zu diesem Prinzip, und so klopft man dreimal auf Holz, um weiterhin Glück zu haben. Denn auch die Zahl Drei ist die Zahl des Jupiters, worauf das Sprichwort »aller guten Dinge sind drei« hinweist.

All diese Überlegungen führten zu dem Konzept der astrologischen Gartengestaltung. Der Garten soll die Möglichkeit bieten, die der Natur innewohnenden Urprinzipien oder Archetypen abzubilden. Beim Bewohnen des Gartens wird man dann immer wieder mit diesen Prinzipien konfrontiert. Es bedeutet eine weiter gehende weil sichtbare Auseinandersetzung mit dem eigenen Horoskop und mit der Astrologie. Man könnte es auch als einen kreativen Umgang mit Astrologie bezeichnen.

Alles in einem astrologischen Garten ist Symbol für einen Archetypen. Nichts wird dem Zufall oder der herrschenden Mode überlassen. Die Auswahl der Pflanzen und der verwendeten Materialien sowie die Formgebung im Garten sind symbolisch zu verstehen. Hierfür muss man wie in der Astrologie in Analogien, also »senkrecht«, denken.

Um herauszufinden, welchen Archetypen bzw. Planeten man nun darstellen möchte, gibt es unterschiedliche Vorgehensweisen. Sie sind Inhalt des Kapitels »Ein Planetengarten als Spiegel der Seele«.

Eine etwas einfachere Art der astrologischen Gartengestaltung ist die Anlage eines Elementegartens. Die vier Elemente Feuer, Erde, Luft und Wasser sind wie die Planeten wichtige Symbole in der Astrologie, die bei der Deutung eines Horoskops herangezogen werden können. Die Planung zum Beispiel eines Feuergartens ist deswegen einfacher als etwa die eines Jupitergartens, weil weniger differenziert werden muss und somit mehr Pflanzensorten und Baumaterialien bei der Umsetzung zur Verfügung stehen.

Wie ein Elementegarten aussieht und wie man sich für ein Element entscheidet, wird im Kapitel »Wenn die Wasserzeichen betont sind »erläutert. Zunächst sollen aber die Elemente und ihr Symbolgehalt gezeigt sowie dieses »Bild« in ein Gartenbild übersetzt werden.

Die vier Elemente und ihre Gärten

Feuer, Erde, Luft und Wasser

Feuer richtet sich nach oben und erzeugt Wärme. Feuer dehnt aus, und wenn es etwas verbrennt, wird dieser Stoff transformiert. Er wird in seiner Struktur völlig verändert. Feuer erneuert. Feuer ist schnell, aggressiv und mächtig, aber ohne Brennstoff fällt es in sich zusammen.

Übertragen wir nun mithilfe des analogen Denkens die Eigenschaften des Feuers auf Persönlichkeiten:

Menschen, in deren Horoskop eines oder mehrere Feuerzeichen betont sind, sind begeisterungsfähig und stürmisch. Sie können andere in ihrer Begeisterung mitreißen oder auch damit überrennen. Sie sind optimistisch, ruhelos und aktiv. Sie sind großzügig und offenherzig und besitzen die Fähigkeit, Dinge in Gang zu bringen. Sie haben Führungsqualitäten, wobei Widderpersönlichkeiten »Pioniere«, Löwemenschen »Könige« und Schützen »Philosophen und Lehrer« sind. Feuer ist das Element des Willens, der Handlung und der Motivation.

Bereits in der Antike wurde die Elementenlehre in Griechenland von Empedokles begründet und Hippokrates stellte die Verbindung zwischen Element und Temperament her. Die vier Temperamente spielen heute noch eine ganz wichtige Rolle in der anthroposophischen Menschenkunde. Man unterscheidet bei den Menschen vier verschiedene Temperamente: das cholerische, das melancholische, das sanguinische und das phlegmatische Temperament. Feuerpersönlichkeiten sind ohne Frage Choleriker.

Denken wir uns wieder einen »Wissenswald«, dann finden wir auf den Zweigen des Baumes Feuer den mutigen Abenteurer, den schnellen Sportwagen und das wilde Pferd. Die Farben des Symbols Feuer sind Rot und Orange wie die Flammen. Will ein Maler einem Gemälde eine feurige, sprich: dynamische oder sogar wilde Qualität geben, wählt er am besten diese Farben. Aus dem Pflanzenreich sind diejenigen Vertreter des Prinzips Feuer, die rote Blüten, Früchte und/oder eine leuchtend rote bis orange Herbstfärbung haben. Die Tageszeit, die optimal zum Feuer passt, ist die Mittagszeit, in der es am wärmsten ist und unter Umständen die Sonne heiß vom Himmel brennt. Für die Himmelsrichtungen gibt es verschiedene Zuordnungen; ich übernehme die von Lachenmeir (»Das Silberrad der Sterne«), nach der der Süden zum Element Feuer gehört. Auf den Zweigen der Landschaftsformen stehen die Wüsten, heiße Steppenlandschaften oder überwältigende Laubwaldlandschaften, wie zum Beispiel die Ahornmischwälder Nordamerikas, die im Herbst das ganze Land mit ihrer Laubverfärbung in glutrotes Licht tauchen.

Für eine Zuordnung der Zahlen Eins, Zwei, Drei und Vier zu den Elementen, würde ich die Eins dem Feuer geben, da die Bedeutung dieser Zahl in der Numerologie Beginn, Pioniertum und Vorwärtsstreben heißt. Die Zwei ordne ich der Luft zu, denn in der Zwei steckt Dualität, die zwei Seiten einer Medaille und das Paar.

Die Drei gehört meiner Ansicht nach zum Wasser, denn die Drei ist auch eine Zahl des Mondes und seiner Phasen (zunehmender Mond, abnehmender Mond und Vollmond), und der Mond hat ja bekanntermaßen eine enge Verbindung zu den Meeren und den Gezeiten. Die Vier ist die Zahl der Erde. Sie ist die Zahl der Himmelsrichtungen, und so wie die drei Mondphasen für die Zeit stehen, so stehen die vier Himmelsrichtungen für den Raum. Der Raum und die Materie gehören zum Prinzip Erde. Diese Zahlenwerte kann man bei der Anlage eines Elementegartens natürlich auch einsetzen, indem man zum Beispiel bewusst vier Buchsbaumkugeln oder drei Bäume pflanzt, zwei Bänke einander gegenüber aufstellt oder einen zentralen Kamin baut.

Erde ist fest und beständig. Ihre Veränderungsprozesse gehen sehr langsam vor sich. Sie kann Fels sein oder Sand, Moor oder fruchtbarer Auenlehm. Sie kann Lebensraum für viele unterschiedliche Lebewesen, aber auch kalt und abweisend sein. Erde ist langsam, beschützend und formgebend.

Menschen mit einer starken Betonung der Erdzeichen sind ausdauernd und zuverlässig. Sie sind materiell ausgerichtet, legen Wert auf die Einhaltung von Grenzen und sind sehr naturverbunden. Sie gelten als sinnlich, sprich: sie nehmen nicht nur mit dem Sehsinn, sondern mit allen Sinnen ihre Umgebung wahr. Sie sind langsam und gründlich und sie verspüren das Bedürfnis, Ordnung und Harmonie in ihrer Umwelt herzustellen, wobei sich dies bei Stierpersönlichkeiten mehr auf die unmittelbare Umgebung und den eigenen Körper bezieht, Jungfrauenmenschen ihre Mitmenschen miteinbeziehen und Steinbocktypen sich auch um den Zustand und die Zukunft der Gesellschaft kümmern.

Dem Archetyp Erde entspricht in der Temperamentenlehre der Melancholiker.

In dem Wissenswald der Elemente steht auch ein Baum mit der Aufschrift »Urprinzip Erde« und breitet seine Zweige auf allen Ebenen aus. Auf ihnen sehen wir unter anderem die geduldige Gärtnerin, die grasende Kuh und einen Mercedes 220 Diesel. Auf der Ebene der Farben finden wir zum Beispiel Erdbraun und Lehm. Auf den Zweigen, die sich auf der Ebene der Pflanzen befinden, stehen alle möglichen Gemüsearten sowie Obstbäume und -sträucher, denn Erde ist das Prinzip Körper und Ernährung. Die Tageszeit dieses Archetyps ist die Nacht; ihr samtiges Dunkel bietet Geborgenheit – auch ein Thema von Erde – und es strukturiert: Mit ihm endet der helle Tag und mit dem Ende der Nacht beginnt der nächste Tag. Zeit ist ebenfalls ein Aspekt des Prinzips Erde. Die zu Erde analoge Himmelsrichtung ist der Norden (vgl. Lachenmeir, »Das Silberrad der Sterne«). Auf der Zweigebene der Landschaftsformen finden sich fruchtbare Kulturlandschaften mit Äckern und Weiden oder auch steinige, trockene Karstlandschaften; in Letzteren erkennen wir das Thema Begrenzung, in Ersteren das Thema Fülle und Nahrung wieder, die alle zum Urprinzip Erde gehören.

Luft ist beweglich, vielseitig und vermittelnd. Dieses Element kommt schnell von einem Ort zum anderen, von einer Sache zur anderen, oftmals berührt es dabei nur die Oberfläche der Dinge. Wie das Feuer und im Gegensatz zur Erde ist es ein geistiges Prinzip, wie das Feuer wird es in unserer polaren Denkweise dem männlichen Pol zugeordnet.

Menschen, bei denen durch die Achsen- und Planetenstellungen das Element Luft betont bzw. dominant ist, zeichnen sich durch ein hohes Bedürfnis an Geselligkeit und Kommunikation aus. Sie sind vielseitig interessiert und beweglich, sowohl im Denken als auch körperlich. Sie haben die Fähigkeit, zwischen verschiedenen Standpunkten zu vermitteln, und können Situationen objektiv und mit Distanz betrachten. Zwillingepersönlichkeiten lieben das Reden, Waagemenschen den künstlerischen Ausdruck und Wassermanntypen sind intellektuell, sozialreformerisch und schriftstellerisch begabt.

Unter der Einteilung in der Temperamentenlehre gelten Luftmenschen als Sanguiniker.

Klettert man durch die Zweige des Baumes, auf dessen Stamm Luftprinzip steht, begegnet man hier dem eiligen Journalisten, zahlreichen und unterschiedlichen Vogelarten und fliegenden Insekten und in der Gruppe der Transportmittel den Fahrrädern. Auf den Zweigen der Farbenebene gibt es zum Beispiel Himmelblau und Hellgelb. In der Etage des Pflanzenreiches findet man Duftpflanzen und solche, die mit ihren Blüten Schmetterlinge und andere geflügelte Insekten anziehen. Dort, wo sich die Tageszeiten befinden, ist es der Morgen, an dem noch alles möglich ist und der Tag noch die unterschiedlichsten Dinge mit sich bringen kann. Von den Himmelsrichtungen ordnet Lachenmeir dem Prinzip Luft den Osten zu, wo morgens die Sonne aufgeht. Kommt man zu der Zweigebene der Landschaftsformen, findet man hier bizarre Gebirge und auch Stadt- und Industrielandschaften.

Wasser strömt und schwemmt, durchdringt Materie, befruchtet und zerstört. Wasser kann uns ein stiller Spiegelteich oder ein rauschendes Meer, eine Quelle, ein Gebirgsbach, ein ruhiger Strom oder ein Rinnsal sein.

Menschen, die in ihrem Charakter und Verhalten dem Wasserprinzip entsprechen, leben in einer Welt der Gefühle und tiefen Emotionen. Sie haben eine sensible Wahrnehmung, Einfühlungsvermögen und ein Gespür für die unsichtbare Welt. Sie besitzen die Fähigkeit zur Hingabe und Tiefgründigkeit. Krebspersönlichkeiten erleben ihre Gefühlswelt innerhalb der Familie oder einem ähnlichen kleinen Kreis von vertrauten Personen. Skorpione beschäftigen sich intensiv mit allen Grenzbereichen und Übergängen, auch mit dem Tod – die Erfahrungen, die sie machen, werden von anderen oft als sehr extrem empfunden –, und Fische zeichnet die tiefe Sehnsucht nach der Verschmelzung mit allem, mit dem All, aus.

Wassermenschen sind die Phlegmatiker der Temperamentenlehre.

Betrachtet man die Zweige des Baumes »Wasserprinzip«, begegnet einem der sensible Musiker, der in der Grenzenlosigkeit der Ozeane beheimatete Delfin und das stromlinienförmige Segelboot. Auf der Farbenetage sieht man unter anderem Türkis und Blau wie das Meer und Silber wie der Mond, der sich im Wasser spiegelt. Die Zweige des Pflanzenreiches tragen blau und weiß blühende Pflanzen und solche, deren Beeren giftig sind. Auch Pflanzen mit weichem, wasserhaltigen Gewebe gehören dazu. Lachenmeir ordnet den Westen, die Himmelsrichtung, in der die Sonne und der Mond untergehen und die deshalb auch den Tod symbolisiert, dem Urprinzip Wasser zu. Die analoge Tageszeit ist somit der Abend. Die Zweige der Ebene Landschaftsform tragen zum Beispiel weite Seenlandschaften, Regenwälder und Moore.

Interaktionen der Elemente untereinander

Wasser kann vom Feuer erwärmt werden, dann dehnt es sich aus. Schließlich verdampft es und fällt an anderer Stelle als kondensierter Wasserdampf wieder in seine ursprüngliche Form zurück. Dabei lässt das Wasser alle seine Inhaltsstoffe und auch die Schmutzstoffe zurück. Es ist gereinigt, rein, nichts als Wasser, aber man könnte auch sagen, dass es tot ist. Durch »normale« Wasserkreisläufe in der Natur wird es wieder angereichert, seine Struktur energetisiert, es regeneriert sich. Auf der anderen Seite kann eine ausreichende Menge Wasser Feuer löschen.

Treffen eine Wasser- und eine Feuerpersönlichkeit aufeinander, kann im übertragenden Sinne dasselbe passieren: Der Feuermensch inspiriert den Wassermenschen und »bringt ihn in Bewegung«. Diese Prozesse verlaufen nicht unbedingt harmonisch; das Wasser kocht und zischt. Ein mächtiger Wassermensch kann mit seiner phlegmatischen, aber tiefgründigen Energie die Begeisterung und Handlungskraft des Feuers bremsen oder gar ganz auslöschen. Wasser- und Feuermenschen sind nicht wesensverwandt!

Ähnlich, wenn auch nicht ganz so dramatisch, verhält es sich mit Feuer und Erde. Erde wird vom Feuer erwärmt und bei zu großer Hitze schließlich verbrannt. Das Leben in ihr und ihre für die Bodenfruchtbarkeit wichtige Struktur werden hierbei zerstört. Aber nach einem Flächenbrand zum Beispiel kann sich die Erde wieder regenerieren und manchmal keimen jetzt erst Samen, die eine große Hitze zum Erlangen der Keimfähigkeit benötigen. Das Feuer initiiert sozusagen einen Neubeginn.

Wenn andererseits ausreichend Erde auf einen Brandherd geworfen wird, kann damit ein Feuer gelöscht werden.

Entsprechend inspiriert ein Feuermensch einen Erdenmenschen; ohne ihn in Bewegung zu versetzen, werden die Lebensprozesse durch Erwärmung beschleunigt. Zu viel Begeisterung, Handlungsdrang und Schnelligkeit »nerven« aber schließlich, die langsam reagierende Erde wehrt sich. Und dennoch braucht sie manchmal diese extremen Initialzündungen, um ihre kreative Kraft zu entfalten. In ihrer Unbeweglichkeit können massive Erdenmenschen durchaus, wie das Wasser, die Initiative und dynamische Lebenskraft der Feuerpersönlichkeit hemmen oder sogar zum Stillstand bringen. Auf der anderen Seite kann die ruhige Beständigkeit und praktische Vernunft der Erdenmenschen Ziellosigkeit und Überschwang eines Feuertypen ausgleichen. Erde und Feuer sind nicht wesensverwandt, bei Interaktionen zwischen ihnen werden schnell Grenzen erreicht.

Anders dagegen verhält es sich mit den wesensverwandten Elementen Luft und Feuer. Feuer erwärmt die Luft, sie dehnt sich daraufhin aus und steigt nach oben. Sie entweicht, entkommt dem Feuer. So wird die Luft von Feuer bzw. von Wärme in Bewegung versetzt, bleibt aber von den transformierenden Kräften des Feuers von allen Elementen am wenigsten berührt. Und auf der anderen Seite ist sie »Nahrung« für das Feuer, sie entfacht es und hält es am Leben. Ein heftiger Luftzug kann allerdings eine kleine Flamme ausblasen. Luft und Feuer werden beide dem männlichen Pol zugeordnet.

Die Poren der Erde bzw. des lebendigen Bodens sind je nach Größe mit Luft oder mit Wasser gefüllt. Wenn diese Bodenstruktur zerstört wird und nur wenig oder kein Wasser bzw. keine Luft mehr vorhanden sind, kann kein Pflanzenwachstum stattfinden und die Bodenlebewesen sterben ab. Oberflächig kann Erde als feiner Oberboden oder Sand vom Wind abgetragen und in ihrer äußeren Form verändert werden. In der starren Form der Erde, in Felsen und Steinen, finden sich kaum Wasser oder Luft, es ist kein Raum für sie vorhanden. Sind überwiegend sehr große Poren vorhanden, die das Wasser nicht halten, gibt es zwar ausreichend Luft, aber zu wenig Wasser im Boden, welches unabdingbar für jegliches Leben ist. Zu viel Wasser weicht die Erde auf und schwemmt sie schließlich davon. Verringert sich die Fließgeschwindigkeit, setzt sich die Erde nach und nach ab und wird dabei »sortiert«. Auch Fels kann vom Wasser abgetragen, also in seiner Form verändert werden. Andererseits gibt die Erde dem Wasser ein »Bett«, einen Raum, in dem es sich bewegen kann.

Analog dazu verhält es sich mit Begegnungen zwischen Luft- und Erdemenschen: Die kreativen Kräfte der Erdetypen benötigen die Energie der Luftmenschen und geben diesen eher unsteten, beweglichen Persönlichkeiten Raum und Beständigkeit. Ein extremer Luftmensch kann aber die Struktur des Erdetypen verwehen und durcheinander bringen. Eine zu starre Erde wird nur oberflächlich in Kontakt mit der Luft treten und es kann keine befruchtende Kommunikation zustande kommen. Luft und Erde sind nicht wesensverwandt, Begegnungen von Vertretern dieser Charaktere sind oft von Unverständnis geprägt.

Treffen Erdenmenschen auf Wasserpersönlichkeiten, spricht man von einer Wesensverwandtschaft; beide Elemente werden dem weiblichen Pol zugeordnet. Wassermenschen befruchten Erdetypen und ihr kreatives Potenzial, während Letztere den gefühlvollen, nach Transformation strebenden Ersteren einen sicheren, beständigen Rahmen bieten. Einen in seiner Entwicklung stagnierenden Erdemenschen kann ein Wassertyp auf sanfte, aber beharrliche Einwirkung zu Veränderungen bewegen (steter Tropfen höhlt den Stein). Und wenn Erde in umstürzlerische Bewegung gerät, bleibt Wasser davon nie unberührt (Erdbeben unter dem Meer erzeugen riesige Flutwellen).

Betrachten wir zum Schluss die Beziehung zwischen den beiden Elementen Wasser und Luft. Luft ist im Wasser enthalten und ohne sie wäre Leben im Wasser nicht möglich. Die Luft ist aber ein leicht flüchtiges Gas und das Wasser braucht Bewegung, um immer wieder mit Luft angereichert zu werden. Sie kann in Form von Wind oder Sturm Wasser zu Wellen aufpeitschen, es aber nicht dauerhaft in seiner Form verändern. Wasser verändert ebensowenig die Struktur der Luft, aber es verdrängt sie leicht.

Luft- und Wasserpersönlichkeiten sind nicht wesensverwandt. Während Luftmenschen eher flexibel und oberflächlich sind, müssen Wassertypen immer bis an den Grund, zum Wesen von Dingen und Situationen vordringen und können, sind sie erst einmal in Bewegung, nicht so schnell die Richtung ändern.

Die Elementegärten

Die Beschreibungen der Elemente und die Analogiebeispiele im vorangegangenen Abschnitt sollten die Prinzipien bzw. Archetypen Feuer, Erde, Luft und Wasser besser verständlich machen. Der nächste Schritt ist nun die Übertragung in ein Gartenbild.

Beispiel für einen Feuergarten

Der *Feuergarten* ist nach Süden, in die Himmelsrichtung, aus der die warmen Winde kommen, ausgerichtet. Eine Strauchpflanzung im Norden dient als Sonnenfalle, sodass der Garten – warm und windgeschützt – auch Lebensraum für exotische Pflanzen bietet.

Es gibt einen zentralen Platz, der entweder von einem mächtigen Baum beherrscht wird oder auf dem es eine Feuerstelle gibt. Bei ausreichender Größe des Grundstückes gibt es sowohl den beherrschenden Baum als auch die Feuerstelle. Als Baum würde sich zum Beispiel ein *Rot-Ahorn (Acer rubrum)* anbieten.

Die Sträucher in einem Feuergarten haben rote oder orangefarbene Blüten oder Früchte. Viele sind bedornt und im Herbst leuchten ihre Blätter in kräftigen goldenen und orangeroten Farbtönen.

Die Wege sind großzügig angelegt und die Wegführung ist direkt. Der Belag besteht aus grobem Schotter oder roter Schlacke. Für stark frequentierte Plätze und Wege kann auch hellroter Pflasterklinker oder gelber Granit verwendet werden.

Üppig wachsende Kletterpflanzen mit großen roten, orangefarbenen oder gelben Blüten, wie zum Beispiel die *Trompetenblume (Campsis radicans),* stehen an rot gestrichenen Pergolen aus Rundholz.

In großzügig angelegten Staudenrabatten blühen unterschiedliche Prachtstauden in überwiegend roten und gelben Farbtönen.

Ist der Garten ausreichend groß, gibt es weite Rasenflächen, auf denen man mit dem Ball spielen, Wettlaufen veranstalten oder einfach nur faul auf dem Rücken liegen und in den Himmel schauen kann.

Auf der Terrasse mit sonnengelben Holzmöbeln gibt es einen Gartenkamin oder einen gusseisernen Grill. Die Terrasse ist sehr weitläufig, sodass Platz für große Gesellschaften vorhanden ist.

Natürlich gibt es auch einen Platz zum Sonnenbaden!

Beispiel für einen Erdengarten

Der *Erdengarten* kann einfach ein Gemüse- und Obstgarten sein. Damit wäre das Prinzip am »einfachsten« umgesetzt. Möchte man aber lieber einen Wohn- und Ziergarten haben, dann richte man ihn wenn möglich nach Norden aus. Bei einer Größe, die es erlaubt, einen Großbaum zu pflanzen, gibt es eine *Linde* (*Tilia platyphyllus)* in diesem Garten. Im Frühsommer, wenn sie blüht, erfüllt dann das Gesumm von Tausenden Nektar sammelnden Bienen und Hummeln die Luft. Für etwas kleinere Gartenräume wählt man besser schwachwüchsige Apfelsorten oder andere Nutzbäume.

Für einen Erdengarten bietet sich die Anlage eines Senkgartens an. Ein Teil des Gartens liegt somit tiefer und an mehreren

Stellen führen Stufen in diesen unteren Bereich. Es ist, als begäbe man sich ein Stück in die Erde hinein; hier ist es still und kühl. Der große Baum spendet Schatten. Eine braune Bank lädt zum Verweilen ein. Hier hat man einen schönen Blick auf die formal gestalteten Staudenrabatten, die mit akkurat geschnittenen Buchsbaumhecken eingefasst sind. Die kleinen Wege, die die Beete umrahmen und unterteilen, sind zum Teil aus dunkelrotem Klinker und zum Teil aus Lehmsand gebaut.

In einem sonnigerem Teil des Gartens wachsen Rosen und andere duftende Stauden und Kräuter. Auch wenn es kein ausgesprochener Nutzgarten ist, sind hier und da in die Pflanzungen Küchen- und Heilkräuter, Gemüse und Beerenobst integriert. Auch dieser Teil ist formal angelegt. Die Terrasse am Haus ist mit einer schwedenrot gestrichenen Pergola eingefasst, an der Kletterrosen wachsen und eine gemütliche Nische schaffen.

Überall im Garten gibt es kleine Ecken, wo man von Blicken abgeschirmt sitzen, lesen oder sich einfach ausruhen kann.

Es gibt auch einen Geräteschuppen mit einem Arbeitstisch, an dem man Pflanzen um- und selbst gezogene Ableger eintopfen kann. Vorräte an Dünger, ein durchdachtes Bewässerungssystem und Kompostmieten sind selbstverständlich Bestandteil eines Erdengartens.

Beispiel für einen Luftgarten

Der *Luftgarten* ist nach Osten ausgerichtet und ist ein sehr offener, wenig geschützter Garten. Es ist an diesem Ort wichtiger, in Kontakt mit Licht und Luft zu kommen, als dass man einen Platz zum Ausruhen oder Träumen findet.

Es ist genauso wichtig, hier andere Menschen zum geistigen Austausch oder zu Spaß und Spiel zu treffen.

Der oder die Bäume in diesem Garten haben Blätter, die bei dem leisesten Lufthauch zittern und rascheln. Die Sträucher und Stauden locken mit ihren Blüten und ihrem Duft unzählige

Insekten, Bienen, Hummeln und Falter an. Im Frühling und im Sommer ist die Luft erfüllt von ihrem Flattern und Summen.

Die Wege sind einfache Schotterwege oder aus hellgrauem Betonstein gebaut. Sie nehmen oft plötzliche Richtungsänderungen vor. Auf den Schotterwegen und in den Fugen der Pflasterwege wachsen spontane, also sich selbst aussäende Kräuter.

Es gibt viele Kunstgegenstände in diesem Garten. Sie stehen an überraschenden Stellen und einige sind aus schimmernden Materialien gebaut.

Natürlich sind eine oder mehrere Schaukeln zu finden. Auf der Terrasse steht eine bunte Hollywoodschaukel. Wenn der Garten für einen Baum groß genug ist, dann wächst hier eine Ulme (*Ulmus glabra*) oder eine Birke (*Betula pendula*), in der sich ein Baumhaus befindet. Von diesem luftigen Platz aus hat man einen Überblick über den ganzen Garten.

Und einen freien Raum muss es geben, auf dem musiziert und getanzt, gespielt, jongliert und geschauspielert werden kann!

Beispiel für einen Wassergarten

Die direkteste Methode, einen *Wassergarten* anzulegen, wäre natürlich die Anlage eines großen Teiches mit Sumpf- und Schilfzone.

Möchte man aber nicht den Großteil des zur Verfügung stehenden Grundstückes in eine Wasserfläche verwandeln, gibt es folgende Möglichkeiten.

Der Wassergarten ist nach Westen ausgerichtet. Es ist ein verwunschener, zugewucherter Garten. Verschlungene Wege führen durch ihn hindurch. Diese Wege sind teilweise einfache Graswege, teilweise modrige, schlüpfrige Pfade. Es gibt aber auch helle, wassergebundene Sandwege.

Für häufig begangene Flächen verwendet man zur Befestigung Flusskiesel oder Sandsteinplatten.

Es gibt keine Geraden in diesem Garten. Alles ist in organischen Formen gestaltet. Auch die etwas zugewachsene Terrasse hat geschwungene Kanten, die Übergänge sind grundsätzlich fließend.

Wenn möglich, gibt es einen Bachlauf oder einen Teich, vielleicht sogar einen kleinen Wasserfall in diesem Garten. Eine in dichtem Gebüsch versteckte Grotte wäre eine typische Entsprechung für den dargestellten Archetyp.

Es gibt viele Kletterpflanzen mit langen, verschlungenen Ranken und lindgrünen, wässrigen Blättern und es gibt viele weiß bzw. hellblau blühende Stauden. Auch die Sträucher blühen überwiegend weiß oder haben im Herbst weiße oder schwarze Früchte.

In den schattigen Bereichen des Gartens wachsen Farne und Waldgräser, in den sonnigeren Teilen findet man viel hohes Schilf.

Zu einem Wassergarten gehören auch kleine, abgeschirmte Bereiche, z.B. von Schilf umstandene Plätze oder die oben erwähnten Grotten, die dem Rückzug und der Kontemplation dienen. Ein Wassergarten ist wie ein Erdengarten eher ein ruhiger Ort, während im Luft- und im Feuergarten immer etwas los ist.

Der Seelengarten – Die Elementeverteilung im eigenen Horoskop

In den vorangegangenen Kapiteln wurden die vier verschiedenen Elementegärten beschrieben. Es sind Themengärten, und wir können uns einfach von unserem Schönheitsempfinden leiten lassen, einen von ihnen aussuchen und im eigenen Garten verwirklichen. Wenn das Grundstück, welches zur Verfügung steht, groß genug ist, kann man auch alle vier nebeneinander anlegen. Ist das Grundstück jedoch zu klein, um es in mehrere verschiedene Bereiche aufzuteilen, dann gibt es noch die Möglichkeit, kleine Nischen herzustellen, die jeweils einem Element gewidmet sind (näher beschrieben in »Der Garten im Wandel«).

Möchte man nun aber das eigene Horoskop als Grundlage für die Gartengestaltung heranziehen, den eigenen Garten als *»Spiegel seiner Seele«* entstehen lassen, dann muss man eine Auswertung der Elementeverteilung vornehmen (oder den bzw. die dominanten Planeten errechnen, beschrieben in »Ein Planetengarten als Spiegel der Seele«). Hierfür gibt es – wie immer und überall – verschiedene Methoden. Die in der Tabelle 2 vorgestellte Punkteverteilung (Methode A) entspricht am besten meinem Gefühl für die »richtige« Gewichtung bzw. Wichtigkeit der Planeten und Achsen im Horoskop. Wenn eine Leserin oder ein Leser eine andere Methode kennt und für sich stimmiger findet, sollte sie oder er natürlich besser diese benutzen.

Um diese Punkteverteilung vorzunehmen, schaut man, in welchem Tierkreiszeichen die Planeten stehen. Die Elemente Feuer, Erde, Luft und Wasser sind den Tierkreiszeichen zugeordnet und entsprechend der Planetenstellung bekommen sie Punkte. Ein Beispiel: Steht der Mond im Zeichen Skorpion, bekommt das Element Wasser die Mondpunktzahl, weil dem Zeichen Skorpion das Wasser zugeordnet ist. Oder: Die Venus steht im Zeichen Zwillinge. Zu diesem Zeichen gehört das Element Luft, also bekommt die Luft die Punktezahl für die Venus.

FEUER	Widder, Löwe, Schütze
ERDE	Stier, Jungfrau, Steinbock
LUFT	Zwillinge, Waage, Wassermann
WASSER	Krebs, Skorpion, Fische

Tabelle 1: Zuordnung Elemente – Tierkreiszeichen

AC, Sonne, Mond und MC	jeweils 4 Punkte
Merkur, Venus und Mars	jeweils 3 Punkte
Jupiter, Saturn, Aszendentenherrscher und Aufsteigender Mondknoten	jeweils 2 Punkte
Uranus, Neptun, Pluto und Chiron	jeweils 1 Punkt

Tabelle 2

Die folgende Tabelle 3 zeigt eine vollständige Auswertung eines Horoskops in Bezug auf die Elementeverteilung mit der Punktezuordnung aus Tabelle 2.

	Feuer	Erde	Luft	Wasser
AC		4		
Sonne				4
Mond				4
MC				4
Merkur				3
Venus				3
Mars	3			
Jupiter	2			
Saturn	2			
Uranus		1		
Neptun				1
Pluto		1		
Mondknoten	2			
AC-Herrscher	2			
Chiron				1
gesamt	11	6	0	20

Tabelle 3: Beispiel für eine Wasserdominanz

Bei dem gezeigten Beispiel besteht eine extreme Wasserbetonung, während die Spalte für das Element Luft völlig leer bleibt. Das heißt, dass weder im Zeichen Zwillinge noch in Waage oder Wassermann ein Planet, der aufsteigende Mondknoten, der Aszendent oder das MC (Medium Coeli) stehen. (Zur Erinnerung: Die Qualität der Luftzeichen ist natürlich trotzdem vorhanden; sie ist nur entweder schwerer erfahrbar bzw. nutzbar oder wird von der Horoskopeignerin einfach als nicht so wichtig erlebt.)

Es gibt Horoskope mit einer wesentlich ausgeglicheneren Elementeverteilung bzw. einer schwächeren Dominanz eines Elementes. Auch kann es vorkommen, dass zwei oder sogar drei Elemente die gleiche Punktzahl bekommen. Man muss dann mit einer anderen Punkteverteilung und/oder durch Eigenbeobachtung und gefühlsmäßige Eigeneinschätzung versuchen, das dominanteste und das schwächste Element herauszufinden. Hilfreich in diesem Zusammenhang ist vielleicht auch, Freunde und Familienangehörige zu befragen oder von einer/einem ausgebildeten Astrologin/Astrologen eine Analyse machen zu lassen.

Eine andere Möglichkeit der Gewichtung von Planeten und Achsen ist die Folgende von Harald Jordan, Autor des Buches *Räume der Kraft schaffen* (Methode B):

Sonne	10 Punkte
Mond und Aszendent	jeweils 8 Punkte
MC und Mars	jeweils 6 Punkte
Venus und Merkur	jeweils 5 Punkte
Jupiter und Saturn	jeweils 4 Punkte

Natürlich kann man auch im Sinne der Gleichwertigkeit aller Planeten ihnen allen, inklusive Chiron sowie dem AC und MC, jeweils einen Punkt geben (Methode C).

In der nachfolgenden Leertabelle können Sie Ihre Elementeverteilung selbst ermitteln. Probieren Sie die verschiedenen Möglichkeiten aus und überprüfen Sie sie nach ihrer eigenen Einschätzung.

	Feuer A B C	Erde A B C	Luft A B C	Wasser A B C
AC				
Sonne				
Mond				
MC				
Merkur				
Venus				
Mars				
Jupiter				
Saturn				
Uranus				
Neptun				
Pluto				
Mondknoten				
AC-Herrscher				
Chiron				
insgesamt				

Tabelle 4: Leertabelle für eigene Auswertung

Wie die Dominanz eines Elementes sich auf der Persönlichkeitsebene widerspiegelt, ist bei der Beschreibung der Elemente schon angedeutet worden und soll hier noch einmal kurz wiederholt werden:

Bei einer starken Besetzung des Wasserelementes wie im obigen Beispiel ist das Gefühls- und Empfindungsleben ausgeprägt. Hilfsbereitschaft und Opferfreudigkeit, Nachgiebigkeit und eine gute Intuition, Fantasie und Einfühlungsvermögen gehören zum Wasserelement. Es kann sich auch in übersteigerter Sentimentalität und Suchtgefahr, Aberglauben und Täuschung zeigen.

Die Betonung des Erdelementes spiegelt sich wider in Beständigkeit, Zuverlässigkeit und Erdverbundenheit. Die Welt wird sinnlich erfahren, körperliches Wohlergehen und materielle Werte werden geschätzt. Die Beharrlichkeit kann auch in Unbeweglichkeit, die Treue in zwanghaftes Besitzdenken umschlagen.

Das Element Luft »macht« beweglich und schnell. Vermittlung und Kommunikation, logisches Denken und schnelle Auffassungsgabe, vielseitige Interessen und Leichtigkeit sind Fähigkeiten der luftbetonten Menschen. Sie kennen auch Oberflächlichkeit und Sprunghaftigkeit, verletzende Scharfzüngigkeit und Flatterhaftigkeit.

Ist das Feuerelement durch eine starke Besetzung der Feuerzeichen betont, finden wir Begeisterung und Wärme, Leidenschaftlichkeit und Durchsetzungskraft, Zielgerichtetheit, Mut, Tatwillen und Schnelligkeit. Eine Feuerbetonung kann sich widerspiegeln in mangelndem Einfühlungsvermögen, Ungeduld und Rücksichtslosigkeit.

Mit der Ermittlung des dominierenden Elementes findet sich automatisch auch das schwächste Element. Harald Jordan, der Astrologie und Architektur miteinander verbindet, vertritt die These, dass man, indem man die nicht oder nur bedingt verfügbare Energie gestaltet, durch diese Konfrontation eine »Chance zur Selbstwerdung« erhält. Man arbeitet an einem noch ungenügend gelebten Wesensanteil, entwickelt diesen dadurch und bewegt sich weiter in Richtung bewusste Lebensgestaltung.

Diese Herangehensweise ist sehr konfrontativ und herausfordernd. Wenn man das eigene Haus und den Garten entsprechend anlegt, begegnen einem tagtäglich die Energien bzw. Prinzipien, die als eher fremd oder sogar unangenehm empfunden werden.

Als ich einer Freundin, der das Element Erde gänzlich fehlt, erläuterte, wie eine »erdhafte« Wohnung und ein ebensolcher Garten aussähen, fand sie die Vorstellung, so zu leben, »einfach schrecklich, ganz furchtbar« und befürchtete in einer solchen Umgebung in tiefste Depressionen zu verfallen.

Sie blieb nicht die Einzige, die ablehnend auf diese konfrontative Methode reagierte. Ich suchte nach einer sanfteren Möglichkeit, da man für die Methode von Harald Jordan offensichtlich ein Mensch mit Lust an Herausforderungen sein muss.

Ich stieß auf die Vorgehensweise der Homöopathie. Hier wird »Gleiches mit Gleichem« geheilt. In aller Kürze dargestellt: Ein Patient oder eine Patientin erhält das homöopathische Mittel, welches seiner körperlichen und geistigen Konstitution am meisten entspricht, welches, gibt man es einer gesunden Person, genau die Symptome hervorruft, die man bei dem Patienten oder der Patientin behandelt.

Im Falle der astrologischen Gartenplanung hieße das, dass man das dominante Element im Geburtshoroskop bestimmt und den entsprechenden Garten baut. Alles ist der Gartenbesitzerin oder dem Gartenbesitzer vertraut, der Garten wird als Heim empfunden. Man stellt dar, wer man ist, und man erlebt tagtäglich im Außen, wie man ist.

Das Gewohnte und Vertraute bietet einen sicheren Hafen, von dem aus man jeden Tag in den Alltag aufbricht, in dem man zwangsläufig überall mit anderen Prinzipien und Lebensweisen konfrontiert wird, die zur Auseinandersetzung herausfordern.

Welche Methode man auch wählt – die »konfrontative« oder die »homöopathische« –, die Astrologie ist immer eine wunderbare Möglichkeit zu erkennen, dass jeder Mensch einzigartig ist und sich entsprechend individuell ausdrückt; sei es nun bei der Gestaltung des Hauses oder des Gartens, bei der Einrichtung der Wohnung, in der Sprache oder bei der Auswahl der Kleidung. Wenn wir astrologisch denken und gestalten, brauchen wir tatsächlich nicht mehr über Geschmack zu streiten.

Ein Dachgarten für Luftgeister

Bei der Auswertung eines Horoskops ergab sich eine sehr starke Luftbetonung. Die Sonne, Venus, Merkur und Saturn stehen im Zeichen Zwillinge und der Aszendent im Wassermann. Der Horoskopeignerin würde ich einen »Garten« empfehlen, wie ich ihn zur Zeit selber bewohne. Zu meiner Wohnung im vierten Stock mitten in Bremen gehört zwar kein Garten, dafür aber eine Dachterrasse, die von allen acht Parteien des Hauses genutzt wird. Die Fläche wird von mehreren, unterschiedlich breiten Schornsteinen aus rotem Klinker unterteilt, sie ist von einem verzinkten Geländer umgeben und der Boden ist zum Schutz der Dachpappe mit Holzpaletten ausgelegt. Außer den Schornsteinen ragen noch zwei Lichtschächte/Oberlichter und die Treppenaufbauten aus der Fläche heraus.

Bis auf kleine Ecken ist die gesamte Terrasse vollsonnig und es geht fast immer ein wenig Wind, meistens sucht man sich ein windgeschütztes Plätzchen. Sitzt man hier oben, kann man in alle Richtungen über die Dächer der Stadt gucken, den Blick von Horizont zu Horizont schweifen lassen und hat so viel Himmel, Licht und Luft um sich herum, wie wohl sonst nur sehr selten inmitten einer Großstadt. Der Verkehr, Gespräche und das Rufen der Leute auf der Straße ist zwar zu hören, scheint aber weit weg und betrifft einen nicht wirklich. Und den Göttern ist man hier irgendwie viel näher als sonst ...

Mehr zufällig und aufgrund des für die Pflanzen eher extremen Standortes (volle Sonne, viel Wind und reduziertes Erdvolumen in Pflanztrögen) entstand ein »Luftgarten«: Von Juni bis September blühen hier jetzt *Lavendel (Lavandula angustifolia)*, hellblauer und weißer *Sommerflieder (Buddleja Hybr. ‹Nanho Blue› und ‹Peace›)*, *Ysop (Hyssopus officinalis)*, *Gartensalbei (Salvia nemorosa)* und die hellblaue *Bartblume (Caryopteris clandonensis ‹Heavenly Blue›)*. *Rosmarin (Rosmarinus officinalis)* und *Thymian (Thymus vulgaris)* verströmen ihren Duft, eine blau blühende *Winde (Convolvulus)* und eine hellgelbe

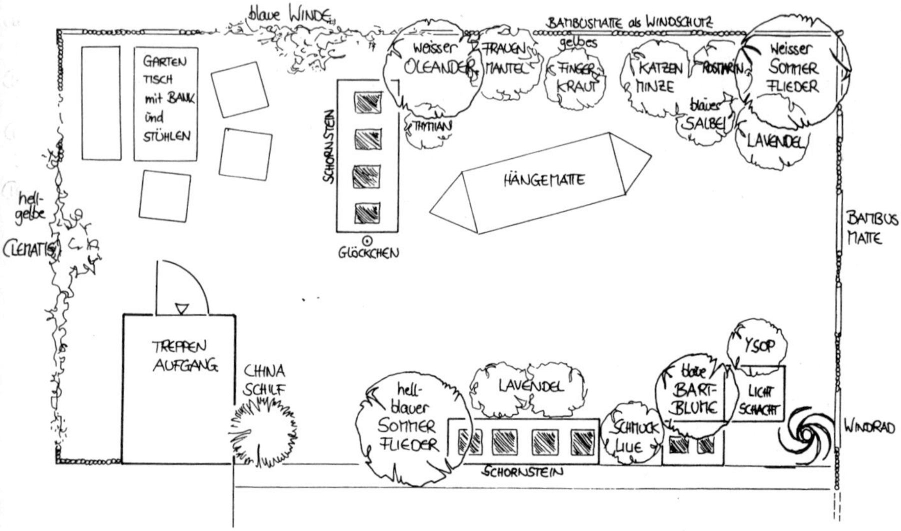

Abb. 2.: Dachgarten des Merkur

Clematis (Clematis tangutica) ranken an dem Geländer und die Halme des schmalblättrigen *Chinaschilfes (Miscanthus sinensis ‹Gracillimus›)* biegen sich im Wind. Die ausdauernd blühende *Katzenminze (Nepeta faassenii)* und der anspruchslose *Frauenmantel (Alchemilla mollis)* kommen ebenfalls mit diesem Dachgartenklima zurecht, und ein weißer *Oleander (Nerium oleander)* wächst und blüht, als stünde er auf einem Berg mitten auf einer griechischen Insel im Seewind. Um die Blüten schwirren unzählige Hummeln und Bienen, Schwebfliegen und verschiedene Schmetterlinge. An sonnigen und klaren Tagen können Menschen mit einer starken Luftbetonung hier auftanken und auch alle anderen in einer Hängematte schaukelnd Zwiesprache halten mit Uranus und Merkur …

Die Planeten und ihre Gärten

In der Astrologie werden neben den vier Elementen die zwölf Urprinzipien verwendet, die wir als Sternbilder am Himmel oder in einzelnen Planeten, benannt nach den Gottheiten des antiken Rom, wiederfinden. Die Planeten werden den Tierkreiszeichen analog zugeordnet, man spricht von ihnen als von RegentInnen oder HerrscherInnen der Zeichen. So gilt zum Beispiel Saturn als der Regent des Zeichens Steinbock, Jupiter »herrscht« über das Zeichen Schütze. Zwei Planeten werden in der klassischen Astrologie jeweils zwei Zeichen zugeordnet: Venus gehört zu Stier und Waage, Merkur zu Zwillinge und Jungfrau. Es gibt aber Astrologen, die auch den Planeten Erde als Archetyp und als Regentin von Stier bezeichnen (vgl. H.H. Taeger, »Astroenergetik«). Ich übernehme hier diese Zuordnung, und deshalb findet sich bei der folgenden Beschreibung aller zwölf Archetypen auch die Erde als Planet.

Auch Chiron, ein 1977 entdeckter Planetoid (Kleinplanet), nimmt heute in der Horoskopdeutung eine wichtige Rolle ein, wenn er auch nicht als Herrscher eines Tierkreiszeichens gilt. Also folgt auch eine Beschreibung von Chiron und die Übersetzung dieses Archetyps in ein »Gartenbild«.

Um die Archetypen bildhaft zu beschreiben, sollen kurz die Götter und Göttinnen der griechischen Mythologie, die den römischen Namensgebern entsprechen, dargestellt werden. Denn Mythologien und Märchen sind immer schon ein Mittel gewesen, von den der Welt innewohnenden Archetypen, ihren

Beziehungen zueinander und von den Prozessen in der Welt ein Bild zu zeichnen.

Im Anschluss an den Exkurs ins antike Griechenland wird die Entsprechung auf der menschlichen, psychischen Ebene skizziert, bevor dann ein Beispiel für einen entsprechenden Garten gegeben wird. Um diese Übersetzung zu verstehen, muss die Leserin oder der Leser sich immer wieder an die analoge Denkweise erinnern. Es mag am Anfang schwer erscheinen, da wir dieses symbolhafte Denken wenig gelernt haben und anwenden. Aber man kann es trainieren und schon bald fällt es einem immer leichter, bis es wie das »waagerechte« Denken sozusagen in Fleisch und Blut übergegangen ist.

Hier noch zwei Beispiele zur Verdeutlichung:

Venus, in der griechischen Mythologie Aphrodite genannt, gilt als die Göttin der Liebe und der Schönheit, der Anpassung und der Harmonie. Suchen wir für dieses Prinzip einen entsprechenden Baum, dann finden wir unter den heimischen Laubbäumen zum Beispiel die Birke, die sich mit ihrem schlanken, biegsamen Stamm und den feinen Ästen und Zweigen wie kein anderer Baum selbst im leisesten Lufthauch wiegt und damit als wunderbares Symbol für die venusische Anpassungsfähigkeit steht.

Jupiter, der bei den Griechen Zeus genannt wurde, wird in der klassischen Astrologie dem Zeichen Schütze zugeordnet. Beide stehen für Expansion, Reisen und die Erweiterung des inneren als auch des äußeren Horizontes. Ein Baum, der hervorragend diese Eigenschaften zeigt, ist zum Beispiel der Ahorn. Kaum ein anderer streckt sich in so kurzer Zeit mit jedem Ast und kleinem Zweig in alle Himmelsrichtungen wie er und erschließt sich damit schnell seine Umgebung.

Nach der Beschreibung des Gartenbildes folgt eine beispielhafte Liste von Pflanzen, die dem beschriebenen Prinzip zugeordnet werden. Bei den Bäumen habe ich für Sonne, Mond, Mars, Venus, Merkur, Jupiter und Saturn die Zuordnung von F. Julius und E.M. Kranich übernommen, die für Erde, Chiron,

Uranus, Neptun und Pluto sowie die der anderen Pflanzen sind eigene Analogien. Bei diesen Zuordnungen habe ich die äußere Erscheinungsform, das Gestaltungsprinzip der Pflanzen zugrunde gelegt, es sind keine Zuordnungen über die medizinischen Wirkungen der Pflanzen!

Natürlich gibt es manchmal Überschneidungen, das heißt, dass eine Pflanze nicht immer eindeutig nur ein Prinzip widerspiegelt; ich denke, dass auch Pflanzen komplexere Seinsformen sind, die genau wie wir Menschen alle Prinzipien in sich tragen und nur bestimmte Gewichtungen aufzeigen. Und aufgrund dieser Gewichtung können wir mit ihnen einen bestimmten Archetyp darstellen, so wie wir über einen Menschen, der gerne vor anderen große Reden schwingt, sich bevorzugt mit weinroten Seidenhemden kleidet und der die Sonne im Löwen hat, sagen: typisch Löwe. Und trotzdem hat dieser Mensch vielleicht den Mond im Stier, die Venus im Krebs usw.

Die Pflanzenlisten umfassen nur einen Teil der möglichen zu verwendenden Pflanzen, da die umfassenden Listen den Rahmen dieses Buches sprengen würden. In den Pflanzenlisten stehen jeweils der botanische und der deutsche Name, die Höhe ist für Bäume und Sträucher in Metern und für Stauden und Zwiebelpflanzen in Zentimetern aufgeführt, die römischen Zahlen geben die Blütezeit an und als Letztes folgt eine Angabe dazu, ob der Standort eher sonnig oder schattig sein sollte. Im Anhang befinden sich Pflanzenkataloge und -bücher, in denen die hier aufgeführten Pflanzen, ihre Merkmale sowie Standort- und Bodenansprüche ausführlich beschrieben sind.

Die Planeten

Sonne

Die Sonne gehört zum Tierkreiszeichen *Löwe*, das entsprechende Element ist das *Feuer*.

Die Sonne steht für das *Leben spendende Urprinzip*. Wie beim Mond gibt es in der Mythologie viele verschiedene Sonnengötter bzw. die unterschiedlichen Facetten des Prinzips Sonne werden von verschiedenen Göttern dargestellt. Zum Beispiel ist *Helios* der Sonnengott der alten Griechen, er wird aber unter anderem von *Apoll* vertreten. Teilweise gibt es auch Überschneidungen mit anderen Urprinzipsgöttern, um aber ein möglichst klares Bild des Urprinzips Sonne zu erlangen, betrachten wir hier am besten Helios.

Das Wesentliche des Helios ist seine Eigenschaftslosigkeit. Er *ist* einfach, strahlt, ohne Unterschiede zu machen; er hat die höchste Autorität, ohne sie auszuspielen. Er mischt sich nicht ein in die Angelegenheiten der anderen Götter und Göttinnen, da sie ihn auch nicht sonderlich interessieren. So ergreift er auch keine Partei für die eine oder andere Seite.

Ohne die Leben spendende Kraft der Sonne ist kein Leben möglich. Aus ihr kommt alle Vitalität, Energie und Kraft. Die Themen dieses Urprinzips sind Individualität und Selbstbewusstsein, Großzügigkeit und Eigenverantwortung, Stolz und Autorität. Das Prinzip Sonne ist auf jeder Ebene stets das *Zentrum*, um das sich alles dreht.

Es ist auffällig, dass die meisten »Löwen« oder »Löwinnen« stolz auf ihr Sternzeichen sind. Meistens sind diejenigen, in deren Horoskop das Zeichen Löwe betont oder die Sonne stark gestellt ist, selbstbewusste Menschen mit gesundem Selbstvertrauen, die gerne im Mittelpunkt der Aufmerksamkeit stehen. Sie sind ehrlich, herzlich und großmütig, oft sind es beeindruckende Persönlichkeiten mit einer warmen Ausstrahlung. Sie lieben große Gesten, die manchmal ein wenig großspurig erscheinen können. Sie lieben Kinder, legen Wert auf eine elegante Erscheinung und unter den Künsten ist es das Theater, das sie am meisten anzieht. Selbstfindungsprozesse und Kreativität sind Themen des Prinzips Sonne/Löwe.

Ein *Garten, der nach dem Sonnenprinzip angelegt wird*, sollte also ein deutliches Zentrum besitzen. Ein majestätischer Baum in seiner Mitte könnte einen zentralen Platz überschatten. Der Garten lässt, im Gegensatz zum Mondgarten, keine Fragen offen. Er ist überschaubar, aber in seiner Blütenpracht beeindruckend. Die Wege sind großzügig angelegt, sie laden zum Schlendern ein.

Da der Sonne selbstverständlich das Element Feuer zugeordnet wird, gehört auch in diesen Garten, wie in den des Mars, eine Feuerstelle. Während es beim Mars um wildes, ungezügeltes Feuer geht, was am besten durch ein flackerndes Lagerfeuer ausgedrückt wird, gehört zur Sonne ein »ruhiges« Feuer, mehr ein Strahlen, wie man es in Glut findet. Deshalb würde ich ein Glutbecken oder eine Art Backofen in einem Sonnengarten aufstellen.

Der zur Sonne gehörende Baum ist die *Esche (Fraxinus excelsior)*, in der germanischen Mythologie »Yggdrasil« genannt, der Baum, der Himmel und Erde verbindet. Die Esche ist ein stolzer Baum, alles an ihr ist stark und groß. Und obwohl die glänzenden Blätter sehr groß sind, lassen sie das Licht bis in die Baummitte hindurch scheinen bis auf den Grund, sodass auch hier üppiges Wachstum stattfinden kann. »Die Esche ist ein Bild für ein großes Ideal: Vereinigung von Macht mit empfänglicher Zartheit« (F. Julius und E.M. Kranich, 1985).

Die Zahl der Sonne ist die Eins. Denn die Eins bedeutet Einheit und Ungeteiltheit.

In einen Sonnengarten gehört ein zentraler »Hausbaum«. Wenn das Grundstück zu klein für eine Esche ist, die 40 Meter hoch werden kann, kann man auf eine *Blumen-Esche (Fraxinus*

Beispiele für Sonnenpflanzen:

BÄUME:	
Fraxinus exelsior	Esche
Laburnum x watereri ‹Vossii›	Goldregen
STRÄUCHER:	
Forsythia x intermedia ‹Lynwood›	Forsythie
Genista lydia	Goldland-Ginster
Hamamelis mollis	Zaubernuss
Hypericum patulum ‹Hidcote›	Johanniskraut
Kerria japonica ‹Pleniflora›	Ranunkelstrauch
Mahonia x media ‹Winter Sun›	Mahonie
Pyracantha-Hybride ‹Soleil d›Or›	Feuerdorn
Rhododendron luteum	Azalee
KLETTERPFLANZEN:	
Campsis radicans ‹Flava›	Klettertrompete
STAUDEN:	
Alyssum montanum ‹Berggold›	Steinkraut
Centaurea macrocephala	Flockenblume
Coreopsis grandiflora ‹Schnittgold›	Mädchenauge
Chrysanthemum Indicum ‹Zwergsonne›	Winteraster
Doronicum orientale ‹Magnificum›	Gemswurz
Helianthus decapetalus ‹Soleil d'Or›	Sonnenblume
Heliopsis scabra ‹Goldgefieder›	Sonnenauge
Lysimachia punctata	Goldfelberich
Rudbeckia ‹Goldsturm›	Sonnenhut
Sedum floriferum ‹Weihenstephaner Gold›	Mauerpfeffer
ZWIEBELPFLANZEN:	
Crocus großblumig ‹Gelbe Riesen›	Krokus
Eranthis hyemalis	Winterling

25-40 m, IV-V, sonnig bis halbschattig
bis 5 m, V-VI, sonnig bis absonnig

2-3 m, IV-V, sonnig
0,5 m, V-VI, sonnig
3-5 m, II-III, sonnig bis absonnig
0,8-1,5 m, VII-X, sonnig bis absonnig
1,5-2 m, V-VI/IX, sonnig bis schattig
bis 1,5 m, I-IV, schattig, geschützt
1,5-2 m, Früchte ab IX, sonnig bis absonnig
bis 3 m, V, sonnig

bis 8 m, VII-IX, vollsonnig, warm

15 cm, IV-V, sonnig
120 cm, VII-VIII, sonnig
70 cm, VII-IX, sonnig
40 cm, IX-XI, sonnig
50 cm, IV-V, sonnig bis halbschattig
150 cm, VIII-IX, sonnig
120 cm, VII-IX, sonnig
80 cm, VI-VIII, sonnig bis halbschattig
70 cm, VIII-IX, sonnig
15 cm, VI-VII, sonnig

15 cm, III-IV, sonnig
5 cm, II-III, sonnig bis halbschattig

ornus›) zurückgreifen, ein kleiner, rundkroniger, nur bis zu 8 Meter Höhe wachsender Baum.

Von einer gelben Bank um ihren Stamm herum kann man hinaufschauen in das Blätterdach und das Spiel von Licht und Schatten bewundern.

Die Farben, die dem Urprinzip Sonne zugeordnet werden, sind *Gold, Orange* und ein dunkles, leuchtendes *Goldgelb.*

Entsprechend gedeihen in einem Sonnengarten auch ausschließlich Stauden und Sträucher, die gelb- oder orange-, auch bronzefarbene Blüten oder Früchte haben. Auch Sträucher mit einer goldgelben Herbstfärbung findet man in einem Sonnengarten. Ebenso Pflanzen mit stolzem, aufrechtem Wuchs und glänzenden Blättern. Es gibt einige sommerblühende Stauden, deren deutsche Namen mit dem Wort Sonne anfangen und die gelb blühen; diese Pflanzen sind eine typische Entsprechung für den Archetyp Sonne!

Auch das Metall *Gold* gehört natürlich zur Sonne, außerdem zum Beispiel der *Diamant* und der *Carneol.*

Für Wege und Plätze würde ich gelben Granit sowie wassergebundene Wege aus gelben Lehmsand wählen, für Skulpturen Goldimitate oder Gusseisen.

An einen Sonnenplatz sollte man denken: ein Platz, der einlädt, an sonnigen, warmen Tagen in der Sonne zu sitzen und ihre Wärme und ihr Licht aufzutanken.

Und quasi unabdingbar muss es in einem Sonnengarten Orte geben, von denen aus man das ganze Jahr über den Sonnenaufbzw. Sonnenuntergang beobachten kann!

Merkur

Merkur ist der Herrscher vom Zeichen *Zwillinge*, das dazugehörige Element ist die *Luft*. Wie die Venus wird Merkur eigentlich zwei Tierkreiszeichen als Regent zugeordnet, den Zwillingen und der Jungfrau. Eine Alternative für die Jungfrau wäre nach H.H. Taeger, diesem Zeichen den Asteroidengürtel als Entsprechung zu geben (vgl. »Astroenergetik«, H.H. Taeger).

Merkur vertritt das *vermittelnde Urprinzip*. Der bei den alten Griechen *Hermes* genannte Gott ist ein unehelicher Sohn von Zeus, der ihn, von seiner Schnelligkeit und Geschicklichkeit angetan, zum Götterboten ernennt. Er erhält die Aufgabe, den Willen der Götter den Menschen zu übermitteln und andersherum, den Menschen Gehör im Himmel zu verschaffen.

Merkur ist Meister in Kommunikation und Rhetorik, Listigkeit und Geschick, Intelligenz und Geistesgegenwart, Handel und Diplomatie. Merkur ist sehr vielseitig, bleibt aber in allem eher oberflächlich; es fehlt ihm die Dimension der Tiefe.

Sheila Farrant beschreibt in ihrem Buch *Die Kraft weiblicher Symbole* neben den bekannten Herrschern der Tierkreiszeichen auch Regentinnen, und dem Zeichen Zwillinge ordnet sie *Eurynome* zu, die im Mythos die Gestalt einer Taube annimmt. Sie gilt als Schöpferin der Winde, der unsichtbaren Kraft des Atems. Sie ist Symbol des Geistes und des Strebens nach Freiheit. Dieser Symbolwert wird generell den Vögeln, die zum Flug zwischen Himmel und Erde befähigt sind, zugesprochen. Sowohl der griechische Hermes als auch der Merkur der Römer tragen an ihren Helmen und Sandalen Flügel, die diese vogelähnliche Leichtigkeit und Flugfähigkeit darstellen sollen.

Zu Eurynome gehört die Dichtkunst und die Freude an Bewegung. Die Harmonie des Fluges und des Tanzes, das Einssein mit den himmlischen Sphären sind ihre Attribute.

Menschen, in deren Horoskop das Zeichen Zwillinge betont oder Merkur stark gestellt – womöglich gar der dominante Planet – ist, zeichnen sich häufig durch Lust an Kommunikation und geistige Wendigkeit aus. Sie können geniale Redner sein, besitzen meist eine schnelle Auffassungsgabe und eine große Fähigkeit zu analytischem und logischem Denken. Sie nehmen

Beispiele für Merkurpflanzen:

BÄUME:

Ulmus carpinifolia	Feld-Ulme, Feld-Rüster
Laburnum anagyroides	Goldregen

STRÄUCHER:

Berberis julianae	Berberitze
Buddleja Davidii-Hybr. ‹Nanho Blue›	Sommerflieder
Caryopteris clandonensis ‹Kew Blue›	Bartblume
Cytisus x kewensis	Zwergelfenbein-Ginster
Forsythia intermedia ‹Spring Glory›	Forsythie
Kerria japonica	Ranunkelstrauch
Perovskia abrotanoides	Blauraute
Potentilla fruticosa ‹Elizabeth›	Fingerstrauch

KLETTERPFLANZEN:

Lonicera x tellmanniana	Jelängerjelieber
Wisteria sinensis	Blauregen

STAUDEN:

Anaphalis margaritacea ‹Neuschnee›	Perlkörbchen
Aster pyrenaeus ‹Lutetia›	Berg-Aster
Coreopsis verticillata ‹Moonbeam›	Mädchenauge
Lavandula angustifolia ‹Munstead›	Lavendel
Primula elatior	Schlüsselblume
Santolina chamaecyparissus	Heiligenblume
Solidaster luteus	Aster, Goldrute
Teucrium x lucydrys	Gamander

ZWIEBELPFLANZEN:

Allium flavum	Zierlauch
Crocus ‹E.B. Bowles›	Krokus

20-30 m, II, sonnig bis halbschattig
5-7 m, V-VI, sonnig bis absonnig

2-3 m, V-VI, sonnig bis absonnig
3-4 m, VII-X, sonnig
bis 1 m, VIII-IX, vollsonnig
bis 0,5 m, V, vollsonnig
bis 3 m, IV-V, sonnig
1,5-2 m, IV-V, sonnig bis schattig
0,5-1 m, VII-X, vollsonnig
bis 0,8 m, VI-X, sonnig bis absonnig

4-6 m, V-VII, sonnig bis absonnig
8-10 m, V-VI, sonnig bis absonnig

50 cm, VII-IX, sonnig
70 cm, VII-IX, sonnig
30 cm, V-IX, sonnig
40 cm, VII-VIII, sonnig
20 cm, III-IV, sonnig bis schattig
30 cm, VII-VIII, sonnig
70 cm, VII-IX, sonnig
35 cm, VII-IX, sonnig

30 cm, VII-VIII, sonnig
5-10 cm, II-III, sonnig

die Dinge eher leicht, brauchen viel Abwechslung und lassen sich ungern »festnageln«. Wissensdurst, Neugierde und Lernwillen zeichnen »Zwillings- bzw. Merkurpersönlichkeiten« aus. Die Stellung von Merkur im Horoskop gibt unter anderem Hinweise auf die Art sich mitzuteilen, wie andere Menschen kennen gelernt werden sowie auf die bevorzugten Lernmethoden.

In einem *Garten des Merkur* muss vor allem das Element Luft in Form von Leichtigkeit und Vielseitigkeit erfahrbar sein. Da ist nichts Schweres in einem solchen Garten. Es sollte also ein offener, sonniger Platz sein, in dem es viele Pflanzen gibt, die mit ihren Blüten alle Arten von Faltern und Schmetterlingen, Bienen, Hummeln und anderen geflügelten Insekten, die in der Luft in ihrem Element sind, anziehen.

Auf diesem sonnigen, luftigen und somit eher trockenen Standort gedeihen graulaubige Sträucher und Stauden, deren Blütenfarben *hell-, mittelblau und hellgelb* sind, denn das sind, neben *hellgrau*, die Farben von Merkur.

Wege oder Plätze haben keine einheitliche Form und Breite, der Belag kann aus Holz- oder hellgrauem Betonpflaster sein. Die Wege sind vielgestaltig, unterschiedlich breit, mal gerade und mal im Bogen verlaufend.

Die Zahl Fünf steht für das vermittelnde Urprinzip, für Merkur, denn die Fünf mittelt zwischen den Grundzahlen 1, 2, 3, und 4 auf der einen sowie 6, 7, 8 und 9 auf der anderen Seite. Um die Zahl Fünf im Garten darzustellen, könnte man die Form des Fünfecks wählen, zum Beispiel für den Umriss eines gepflasterten Platzes, oder aber man setzt an einer markanten Stelle fünf Steine oder fünf Solitärpflanzen derselben Art und Sorte, zum Beispiel *Chinaschilf (Miscanthus)*, dessen Halme im Wind leise rascheln. Es bietet sich weniger an, fünf Bäume zu pflanzen, selbst wenn genügend Platz vorhanden ist, da damit der Garten zu dunkel und schattig würde.

Ein bei uns heimischer Laubbaum, der dem Merkur zugeordnet wird, ist zum Beispiel die *Ulme (Ulmus carpinifolia)*. Denn: »Das Eigentliche der Ulme ist Bewegung, die zur Gebärde gerann. (...) Die Ulme fällt nie in Extreme auseinander, sie verbindet sich nicht übermäßig mit den rohen Erdenkräften, aber sie gibt sich auch kaum den Feuerprozessen der Blüte oder der Glut der Herbstfarben hin. (...) Die Ulme ist wie ein Vermittler. Mit vielerlei ist sie luftig verbunden: mit Himmlischem und Irdischem, mit dem, was nach Größe strebt, und mit Zartem, Feinem« (F. Julius und E.M. Kranich, 1985).

Auf größeren Grundstücken ließe sich also eine *Berg-* oder eine *Feld-Ulme*, in kleinen Gartenräumen eine *Gold-Ulme (Ulmus carpinifolia ‹Wredei›)* pflanzen. Diese Ulme könnte man unterpflanzen mit hellblau und gelb blühenden Bodendeckern und Zwiebelpflanzen. In den Zweigen des Baumes könnte ein Klangspiel die Luft mit hellen Tönen erfüllen.

Und natürlich gehört eine Schaukel oder eine Wippe in einen Merkurgarten. Und – falls der Garten groß genug und vielleicht ein öffentlicher oder von mehreren Parteien genutzter Garten ist – Plätze der Kommunikation: gemeinsame Wege, Eingänge, Sandkästen, gegenüberstehende Bänke und Ähnliches.

Eine große Terrasse, auf der im Sommer Literaturfrühstücke abgehalten werden, und eine kleine Holzbühne für Liederabende und Vorträge wären eine typische Entsprechung für den Archetyp Merkur!

Venus

Venus ist Regentin von *Waage*, das diesem Zeichen dazugehörige Element ist die *Luft*. (Venus wird neben der Waage auch dem Zeichen Stier zugeordnet, ich übernehme hier aber nach H.H. Taeger den Planeten Erde als Herrscherin von Stier, vgl. »Astroenergetik«, H.H. Taeger).

Der Planet Venus steht für das *ausgleichende Urprinzip*. In der griechischen Mythologie ist es *Aphrodite*, die Göttin der

Schönheit und der Liebe, die Herrscherin über die Herzen der Menschheit, die dieses Prinzip vertritt. Ihre Themen sind Liebe und Eifersucht, Frieden und Harmonie, Hingabe und Zärtlichkeit, Anmut und Sinneslust. Ihre Hauptaufgabe ist es, Gegensätze miteinander zu versöhnen und Ausgewogenheit herzustellen. Ihr Bedürfnis nach Harmonie kann eine gewisse Oberflächlichkeit bedeuten; es gibt keine scharfen Grenzen, keine krassen Gegensätze.

Es gibt mehrere Mythen, die die Geburt der Aphrodite unterschiedlich darstellen. Einer beschreibt sie als eine Tochter des Himmelsgottes Uranos und Gaia, der Mutter Erde. Uranos, der seine eigenen Kinder verschlingt, wird von seinem Sohn Kronos (Saturn) mit einer Sichel entmannt. Aus dem abgeschlagenen Glied, welches Kronos ins Meer wirft, bildet sich weißer Schaum, dem am Strand der Insel Kythera die wunderschöne Aphrodite entsteigt. Aus diesem Grund wird Aphrodite auch die »Schaumgeborene« genannt.

Zeus (Jupiter) gibt ihr Hephaistos, den hässlichen und verkrüppelten Schmiedegott, zum Mann. Dieses ungleiche Paar zeigt symbolisch die Aufgabe der Aphrodite, für Harmonie zu sorgen, ein Ausgleichen der Gegensätze anzustreben. Auch das Verhältnis mit dem Kriegsgott Ares, ihrem Gegenpol, ist ein Symbol für die Themen Versöhnung und Ausgewogenheit.

Ist in einem Horoskop das Zeichen Waage oder der Planet Venus betont bzw. stark gestellt, findet man künstlerische Begabung und Interesse an Kunst und schönen Dingen. Waagemenschen sind außerdem sehr kritisch, dabei aber sehr diplomatisch; offene Auseinandersetzungen vermeiden sie. Sie sind gerechtigkeitsliebend und bei ihrem Bemühen, die rechte Balance herzustellen, bleiben sie meistens eher distanziert als Partei zu ergreifen. Partnerschaft ist ein wichtiges Thema und hier erwarten sie ausgeglichenes Geben und Nehmen.

Ein *Garten der Venus bzw. Aphrodite* ist demnach ein Garten, der einlädt zu genießen, die Schönheit der Pflanzenwelt zu bewundern und sich an harmonischen Pflanzenkombinationen zu erfreuen. Es gibt keine Ecken oder harten Absätze, die Übergänge zwischen verschiedenen Gartenbereichen sind sanft und die Wege fügen sich in das vorhandene Geländerelief.

Die Wege sind aus hellbraunem Lehmsand gebaut, schmal und mit fließenden Übergängen zu den angrenzenden Bereichen. Breite und Farbe sind stets wohltuend mit den anderen Gestaltungselementen im Garten abgestimmt. Für stärker begangene Wege und Plätze eignet sich in einem Venusgarten ein heller terracottafarbener, zierlicher Klinker, der sorgfältig in künstlerischem Verband verlegt wird. Auch Kieswege sind eine typische Entsprechung zum beschriebenen Archetyp.

Der der Venus zugeordnete, bei uns heimische Laubbaum ist die *Birke (Betula pendula)*, denn die Birke ist wohl der anmutigste Baum, der sich mit seinen Blättern ganz dem Tanz mit der Luft und dem Licht hingibt.

Als Zahl wird die Sechs der Venus zugeordnet, da die Sechs als Zahl der Harmonie gilt. »Geometrisch ist das aus der Tatsache ableitbar, dass das Sextilsegment im Kreis gleich dem Kreisradius ist und damit der einzelne Entwicklungsschritt (= Segment) dem Aktionsradius (= Kreisradius) harmonisch angemessen ist« (R. Dahlke und N. Klein, 1986).

In diesem Fall passen zum Teil auch die Attribute, die die Numerologie der Sechs gibt, zum Venusprinzip, nämlich Frieden und Harmonie, Liebe und eine künstlerische Ader.

In einem Venusgarten – vorausgesetzt, es ist ausreichend Platz vorhanden – könnte man also einen Hain aus sechs Birken anlegen. Bei sonnigem Wetter kann man sich in dem lichten Schatten dieses Hains der Betrachtung des Spiels von Licht und Schatten hingeben.

Die Farben der Venus sind *Rosa* und *Koralle*, *Taubenblau* und *Hellelfenbein*. Entsprechend blühen in diesem Garten rosafar-

Beispiele für Venuspflanzen:

BÄUME:

Betula pendula	Weiß-Birke, Sand-Birke
Malus-Hybriden, rosa blühend / Malus-Hybriden, weiß blühend	Zier-Apfel

STRÄUCHER:

Buddleja alternifolia	Sommerflieder
Deutzia rosea	Deutzie
Hibiscus syriacus ‹Rubis›	Eibisch
Kolkwitzia amabilis	Kolkwitzie
Spirea x arguta	Brautspiere
Syringa vulgaris ‹Mme A. Buchner›	Flieder
Weigelia florida	Weigelie

KLETTERPFLANZEN:

Kletterrosen, weiß und rosa blühend

STAUDEN:

Alcea rosea	Stockrose
Anemone Japonica-Hybride	Japan-Anemone
Asclepias incarnata	Seidenpflanze
Cardamine pratensis ‹Plena›	Wiesenschaumkraut
Convallaria majalis	Maiglöckchen
Dicentra eximia	Herzblume
Erigeron ‹Rosa Juwel›	Feinstrahl
Gypsophila paniculata ‹Bristol Fairy›	Schleierkraut
Saponaria ocymoides	Seifenkraut

ZWIEBELPFLANZEN:

Allium unifolium	Zierlauch

18-25 m, IV, sonnig
4-8 m, V-VI, sonnig

2-3 m, VI-VII, sonnig
1-1,5 m, VI-VII, sonnig bis absonnig
1,5-3 m, VI-IX, sonnig bis leicht absonnig
2-3 m, V-VI, sonnig bis schattig
1,5-2 m, IV-V, sonnig
4-6 m, V-VI, sonnig bis absonnig
3-3,5 m, V-VI, sonnig bis absonnig

2,5-5 m, VI-Frost, sonnig bis absonnig (je nach Sorte)

200 cm, VI-VIII, sonnig
ca. 70 cm, VIII-X, sonnig bis halbschattig
120 cm, VI-VIII, sonnig
30 cm, IV VI, sonnig
20 cm, V, halbschattig bis schattig
20 cm, V-VII, halbschattig
60 cm, VI-IX, sonnig
90 cm, VII-IX, sonnig
20 cm, VI-VII, sonnig

20-30 cm, V-VI, sonnig

bene und hellblaue, korallen- und pfirsichfarbene zarte Stauden und Zwiebelpflanzen.

Und *Rosen,* Meere von Rosen! Rosarote, malvenfarbene, weiße, lachsfarbene Rosen. Hochstammrosen, Kletterrosen, Beetrosen, Strauchrosen. Rosen, die ihren Duft überschwänglich verströmen. Rosen, deren jede einzelne Blüte ein kleines, vollendetes Kunstwerk ist.

Und neben den Rosen gibt es noch andere duftende Pflanzen wie *Flieder (Syringa-Arten), Narzissen (Narcissus-Arten)* und *Maiglöckchen (Convallaria majalis)*, denn ein Venusgarten ist ein Garten der Sinne; man kann ihn sehen und riechen, fühlen und schmecken, ja am besten ertanzen.

In einem Venusgarten muss es natürlich auch lauschige Nischen geben, Lauben für frisch Verliebte, Möglichkeiten für einen Flirt, einen Platz für (Tanz-)Feste.

Skulpturen oder Plastiken in einem solchen Garten sind aus weißem oder *rosa geädertem Marmor* oder aus *Kupfer* gefertigt.

Gibt es einen Rasen oder eine Wiese, dann blüht hier selbstverständlich das *Wiesenschaumkraut (Cardamine pratensis).*

Erde

Der Planet Erde, der »vergessene« Planet, ist nach H.H. Taeger Regentin vom Tierkreiszeichen *Stier* (vgl. »Astroenergetik«, H.H. Taeger), das dazugehörige Element ist die *Erde.*

Die Erde bedeutet das *nährende Urprinzip.* In alten Mythen der unterschiedlichsten Völker finden wir die *Erdgöttin*, der Opfer gebracht und zu deren Ehren Rituale abgehalten werden, damit sie die Früchte auf den Feldern gedeihen lässt. Der griechische Name für Mutter Erde ist *Gaia.* In ihrem Mythos wird beschrieben, dass sie dem Chaos entsteigt und dann den Himmel (Uranos) gebiert; sie ist Mutter der Form, schöpferisch aus sich selbst heraus, und sie ist die große Nährende. Sie regiert das Land, Felsen, Vulkane und auch die labilen seismischen Platten unter den Kontinenten und den Meeren. Sie ist nicht immer nur wohlwollend, in Vulkanausbrüchen mit vernichtenden Lavaströmen und Erbeben vermeinen wir den Ausbruch lange gestauter Wut zu verspüren (der rot glühende, blindwütige Zorn des Stieres).

Noch heute werden Frühjahrs- und Maifeste überall auf der Welt zu Ehren Gaias gefeiert, zu Ehren der Kraft und Stärke des neu erwachenden Lebens, der unendlichen Fruchtbarkeit der Mutter Erde.

Erde bedeutet Nahrung und Heilung (auf der körperlichen Ebene), Herzenswärme und Vertrauen, Struktur und Sorgfältigkeit, Fülle und Fruchtbarkeit, Langsamkeit und Rhythmus, liebevolle Loyalität, Treue und Geduld.

Menschen, in deren Horoskop das Zeichen Stier betont oder der Planet Erde dominant ist, fühlen sich meistens gut »geerdet«, sind jederzeit in ihrem Körper zu Hause und haben ein gutes Gefühl für Rhythmus. Sie sind kraftvoll, praktisch veranlagt und ausdauernd. Es ist ihnen ein tiefes Bedürfnis, ihrer Umgebung Struktur zu verschaffen, wozu auch das Ziehen von Grenzen und Einrichten von Regeln gehört. Sie sind aufrichtig, verbindlich und treu in Beziehungen zu anderen Menschen. Allerdings können sie auch stur und unbeweglich sowie ihre Treue besitzergreifend sein.

Ein *Erdengarten* fühlt sich, wenn man sich darin aufhält, wie ein Nest an. Er ist geschlossen, mit kleinen Nischen versehen und durch eine hohe Hecke als Einfriedung fühlt man sich geborgen und beschützt. Es gibt Bänke vor bewachsenen Trockenmauern, Sitzplätze hinter berankten Pergolen und kleine, gut begehbare Wege.

Wie der Saturngarten ist der Erdengarten ein formaler Garten – eine geometrische Aufteilung bietet Struktur –, ohne so streng zu wirken wie Saturn.

In den Beeten gedeihen Nutzpflanzen: Gemüse, Würz- und Heilkräuter, Beerenobst und Duftpflanzen sowie Stauden zum Schneiden für die Vase.

Beispiele für Erdenpflanzen:

BÄUME:

Tilia platyphyllos	Sommer-Linde

Alle Obstbäume außer Kirschen

STRÄUCHER:

Amelanchier lamarckii	Felsenbirne
Corylus avellana	Haselnuss
Crataegus x lavallei ‹Carrierei›	Apfel-Dorn
Mespilus germanica	Mispel
Prunus spinosa	Schlehe
Rosa rugosa	Kartoffel-Rose
Sambucus nigra	Holunder
Vaccinium corymbosum	Garten-Heidelbeere
Vaccinium vitis-idaea	Preiselbeere

Alle Beerensträucher: Stachelbeeren, Johannisbeeren, Himbeeren, Brombeeren

KLETTERPFLANZEN:

Actinidia chinensis	Kiwi

STAUDEN:

Achillea millefolium ‹Terracotta›	Schafgarbe
Alchemilla mollis	Frauenmantel
Cosmos atrosanguineus	Schokoladenblume
Echinacea purpurea ‹Magnus›	Sonnenhut
Hypericum perforatum	Johanniskraut
Pulmonaria rubra	Rotes Lungenkraut
Pulsatilla vulgaris ‹Rubin›	Küchenschelle
Tanacetum parthenium	Mutterkraut

MEHRJÄHRIGE KÜCHENKRÄUTER und HEILKRÄUTER:
Schnittlauch, echter Eibisch, Wermut, Beifuß, Waldmeister, Ysop, Lavendel, Liebstöckel, Zitronenmelisse, Zitronenminze, Oregano, Rosmarin, Sauerampfer, Weinraute, Salbei, Pimpinelle, Bohnenkraut, Tripmadam, Thymian, Baldrian.

______________ 30-35 m, V-VI, sonnig bis halbschattig

______________ 4-6 m, IV, sonnig bis absonnig
______________ 5(-7) m, III-IV, sonnig bis schattig
______________ bis 7 m, V, sonnig bis absonnig
______________ 3-5 m, V-VI, sonnig bis halbschattig, warm
______________ 1-3(-5) m, IV-V, sonnig bis absonnig
______________ 1-2 m, VI-X, sonnig
______________ 3-7 m, VI-VII, sonnig bis halbschattig
______________ 1-2 m, V, sonnig bis halbschattig
______________ 0,1-0,3 m, V-VI, sonnig bis halbschattig

______________ bis 7 m kletternd, VI, sonnig, warm

______________ 75 cm, VI-IX, sonnig
______________ 30 cm, VI-VII, sonnig bis schattig
______________ 50 cm, VII-X, sonnig
______________ 90 cm, VI-IX, sonnig
______________ 50 cm, VII-IX, sonnig
______________ 30 cm, III-V, halbschattig bis schattig
______________ 20 cm, IV-V, sonnig
______________ 70 cm, VII-IX, sonnig

AUSSERDEM:
Erdbeeren, Rhabarber, einjährige Kräuter wie Petersilie, Basilikum, Majoran, Dill, Meerrettich, Walderdbeere und alle Gemüsearten und -sorten.

Als Baum ordne ich der Erde die *Linde* (*Tilia cordata*) und den *Apfelbaum* (*Malus*) zu. Die Linde mit ihrer großen, erhabenen Krone aus geraden Ästen und großen, weichen Blättern ist, wenn sie im Juni blüht, erfüllt vom Summen von Hunderten von Bienen und Hummeln, die ihren Nektar sammeln; ein wunderschönes Symbol für die Fülle und Fruchtbarkeit der »Mutter Erde«! Neben dem Apfelbaum sind natürlich auch alle anderen Obstbäume Symbol für das Urprinzip Erde (bis auf die Kirsche, die dem Mond zugeordnet ist).

Die zur Erde gehörende Zahl ist die Vier. Die Vier ist wie das Kreuz Symbol für Materie und Struktur und entspricht damit dem Urprinzip Erde. Man könnte auch Saturn die Vier zuordnen, dies würde eher der numerologischen Zuordnung entsprechen. Ich habe in diesem Fall aber eine andere übernommen, in der das Saturnprinzip die Zweiundzwanzig, die numerologisch reduziert wieder vier ist, bekommt (siehe Abschnitt *Saturn*).

Man pflanze vier Obstbäume in die vier Ecken des Erdengartens, der am besten auch einen quadratischen Grundriss hat. Die bei der Aufteilung des Gartens zugrunde gelegte Symmetrie gibt Ruhe und Ordnung.

Die zum Erdprinzip gehörenden Farben sind *Braun, Braunrot, Beige, braungrüne Töne* und *Schlamm*.

Messing und überhaupt *Metalllegierungen* entsprechen diesem Prinzip, ebenso *Bernstein, brauner* und *grüner Jaspis* sowie *grüner Achat*. Im Gartenbereich zu verwendende Materialien, die auch zum Erdprinzip gehören, sind Feldsteine, Holzpflaster, Rindenmulch, braunrote Pflasterklinker und natürlich dunkler Mutterboden.

Das Wesentliche an einem Erdengarten ist neben dem »Nestgefühl« die Möglichkeit, mit der Erde in Kontakt zu kommen. Ganz konkret heißt das zum Beispiel mit bloßen Füßen auf ihr laufen und die Erdkrümel zwischen den Zehen spüren, Gemüse und Kräuter aussäen und kleine Jungpflanzen setzen. Die so in den Garten geholten Pflanzen gießen, pflegen und behüten. Die selbst gezogenen, selbst geernteten Kartoffeln kochen und am besten mit Schale und nur mit Salz und Butter verzehren. Aus von der Linde gepflückten Blättern einen Tee aufbrühen. Den Komposthaufen umsetzen und Schnittgut zu einem Winterquartier für Igel aufhäufen. Kurz: mit den eigenen Händen im Garten arbeiten.

Mond

Mond ist Regent vom Tierkreiszeichen *Krebs*, das dazugehörige Element ist *Wasser*.

Mond ist das *widerspiegelnde Urprinzip*. Im Gegensatz zur Sonne, die aktiv strahlt, ist der Mond passiv, nimmt das Licht auf und spiegelt es wider.

Es gibt in den Mythologien der meisten Kulturen mehrere Mondgöttinnen, die die verschiedenen Aspekte des göttlichen Prinzips Mond darstellen. In der griechischen Mythologie ist es u.a. *Selene*, die dieses Prinzip repräsentiert, nämlich Gefühl und Instinkt, Naturnähe und Unschuld, Anpassung und Innigkeit, Ergebenheit und Abhängigkeit. Auch eine gewisse Launenhaftigkeit und Wechselhaftigkeit ist ihr zu eigen.

Sheila Farrant beschreibt *Hera* als eine der vielen Mond- und Himmelsgöttinen. Hera ist eine Tochter von Rhea und Kronos und damit eine Schwester des Zeus. Später wird sie die Gattin von Zeus, was man sich als eine Verbindung zwischen gleich starken Mächten vorstellen muss. Und Hera, nicht Zeus, besitzt die sozialen und lenkenden Fähigkeiten, mit denen es ihr gelingt, die zerstrittene Götterbande zusammenzuhalten. Die Mond-Himmels-Göttin wird zur Stadtgöttin, denn ihrem Schutz unterstehen die Familie, die Sippe, das Haus und später die daraus entstandenen Städte. Außerdem ist sie für die zeitliche Ordnung und für den Kalender zuständig, der damals ein Mondkalender mit einem 28-Tage-Rhythmus war. Die Mond-Himmelsgöttin ist darüber hinaus Göttin der Dichtkunst und des Gesangs, der Geheimnisse und des Zaubers.

Wenn im Horoskop der Mond stark gestellt oder das Zeichen Krebs betont ist, spiegelt sich dies häufig in Empfindsamkeit und Verbundenheit mit der Familie wider. Diese Menschen sind oft sehr vorsichtig und scheu und es ist ihnen wichtig, von ihren Mitmenschen respektvoll behandelt zu werden. Sie sind hilfsbereit und hierin sowie in einmal geschlossenen Freundschaften sehr beharrlich. Sie zeichnen sich aus durch Anpassungsfähigkeit, Fürsorglichkeit und Gefühlstiefe, wodurch sie manchem etwas naiv und kindlich erscheinen.

Ein *Garten des Urprinzips Mond* ist ein wässriger Garten, mit verschlungenen, eingewachsenen Pfaden. Er sollte einen Rhythmus darstellen entsprechend dem Zunehmen und Abnehmen des Mondes. Das Geheimnisvolle gehört in diesen Garten. Man kann ihn nicht auf einen Blick erfassen, es gibt kleine, abgeschlossene Nischen, in die man sich zurückziehen kann. Für die Reise nach innen, den Kontakt mit sich selbst und den eigenen Gefühlen könnte es einen Spiralpfad geben, den man, um in die Mitte zu gelangen, linksherum – denn dabei entsteht eine nach innen gerichtete, passive Energie –, und um wieder heraus zu gelangen rechts herum – hierbei entsteht aktive, nach außen gerichtete Energie – gehen muss.

Wasser muss es in einem solchen Garten geben, am besten in einer ruhigen, stillen Form: Ein rundes oder halbmondförmiges Wasserbecken als Spiegelteich ist meiner Ansicht nach die beste Entsprechung. In einem solchen Wasserbecken könnte eine weiß schimmernde Seerose blühen.

Die Wege sind weiche Rasenwege, auf denen man barfuß laufen kann und die morgens voller Tautropfen hängen. Während des Altweibersommers sind sie überzogen mit unzähligen feinen Spinnennetzen, die ebenfalls voller Tau sind.

Der in unseren Breiten heimische Laubbaum, der zum Prinzip Mond gehört, ist die *Kirsche (Prunus avium).* Denn die Kirsche ist ein überwiegend dem wässrigen Element gehorchender Baum, wie unter anderem die großen, weichen Blätter und die sehr wasserhaltigen Früchte zeigen. Im Frühsommer besitzt sie ein Übermaß an schwellenden Früchten und die Blätter in den Knospen sehen aus wie kleine Halbmonde.

Die Zahl Neun wird dem Mondprinzip zugeordnet: »Denn auch die Neun ist wie die Zwei eine Zahl, die spiegeln kann. Dies zeigt die theosophische Reduktion sehr schön: 59 = 5 + 9 = 14 = 1 + 4 = 5; 39 = 3 + 9 = 12 = 1 + 2 = 3; 69 = 6 + 9 = 15 = 1 + 5 = 6; tritt die Neun nämlich bei zusammengesetzten Zahlen zu einer anderen hinzu, wie oben bei 5, 3 und 6, so belässt sie als einzige Zahl die andere unberührt und spiegelt sie nur wider« (R. Dahlke und N. Klein, 1986).

Ein Hain aus neun Kirschbäumen auf einem großen Grundstück wäre eine eindeutige Entsprechung für das beschriebene Urprinzip. Es gibt aber auch genügend wunderschöne kleinwüchsige Kirschsorten, die in kleinen Gärten verwendet werden können, wie zum Beispiel die rosafarben blühende *Frühlingskirsche (Prunus subhirtella ‹Fukubana›)*.

Die Farben, die zum Mond gehören, sind *Silber, Perlmutt, Mondstein, Hellblau* und ein *sehr helles Rosa* (wie eine Kirschblüte eben).

Die Pflanzen, die außer den Kirschbäumen in einem Mondgarten wachsen, sind weiß blühende oder weiß fruchtende Sträucher wie zum Beispiel *Duftjasmin (Philadelphus)* oder *Schneebeere (Symphoricarpus)* sowie weiß oder hellblau blühende Stauden und Zwiebelpflanzen.

Die *Perle* und *helle Flusskiesel* gehören zum Mond, auch *Alabaster, Silber und Keramik*, ebenso der *weiße, höchstens grau geäderte Marmor*. Skulpturen im Garten sollten also aus diesen Materialien sein.

Warum nicht auch einen richtigen Spiegel in einer Nische anbringen oder in einen der Kirschbäume hängen?

Beispiele für Mondpflanzen:

BÄUME:	
Prunus subhirtella ‹Autumnalis›	Schnee-Kirsche
STRÄUCHER:	
Amelanchier ovalis	Gewöhnliche Felsenbirne
Chionanthus virginicus	Schneeflockenstrauch
Cornus nuttallii	Nuttalls Blüten-Hartriegel
Deutzia gracilis	Zierliche Deutzie
Hibiscus syriacus ‹Totus Albus›	Eibisch
Philadelphus x ‹Belle Etoile›	Pfeifenstrauch
Symphoricarpos albus var. laevigatus	Schneebeere
Viburnum opulus ‹Sterile›	Schneeball
KLETTERPFLANZEN:	
Clematis-Hybride ‹Silver Moon›	Waldrebe
Hydrangea petiolaris	Kletter-Hortensie
STAUDEN:	
Anemone nemorosa	Buschwindröschen
Astrantia major	Sterndolde
Brunnera macrophylla	Kaukasusvergissmeinicht
Campanula carpatica ‹Blaue Clips›	Karpaten-Glockenblume
Dicentra spectabilis ‹Alba›	Tränendes Herz, weiß
Scabiosa caucasica ‹Perfecta›	Scabiose
FARNE UND WASSERPFLANZEN:	
Onoclea sensibilis	Perlfarn
Nymphaea Hybr.-Cult. ‹Hermine›	Seerose, weiß
ZWIEBELPFLANZEN:	
Chionodoxa luciliae ‹Alba›	Schneeglanz

________ bis 5 m, III-IV, sonnig

________ 1-3 m, IV-V, sonnig bis halbschattig
________ 3(-5) m, VI, sonnig, geschützt
________ 3-6 m, V, sonnig bis halbschattig, geschützt
________ 0,6-0,8 m, V-VI, sonnig
________ 1,5-2 m, VI-IX, sonnig bis leicht absonnig, geschützt
________ 1-1,5 m, VI-VII, sonnig bis schattig
________ bis 2 m, VI-IX, sonnig bis schattig
________ bis 4 m, V-VI, sonnig bis halbschattig

________ 2-4 m, VI-VII, sonnig bis halbschattig, »kühler Fuß«
________ 10-15 m, VI-VII, sonnig bis schattig

________ 15 cm, III-IV, halbschattig
________ 60 cm, VI-VIII, sonnig bis halbschattig
________ 40 cm, IV-V, halbschattig bis schattig
________ 20 cm, VI-VII, sonnig
________ 70 cm, V-VI, halbschattig
________ 70 cm, VI-IX, sonnig

________ 40 cm, halbschattig bis schattig
________ V-VIII, sonnig

________ 15 cm, III, sonnig

Mars ist der Regent von *Widder*, das diesem Tierkreiszeichen zugeordnete Element ist *Feuer*.

Der Planet Mars steht für das *aggressive Urprinzip*. Der entsprechende Gott in der griechischen Mythologie heißt *Ares* und ist der Sohn von Zeus und Hera. Ares ist wild und ungezügelt, er liebt Mutproben und den Kampf um des Kampfes Willen, wozu auch der Kampf der Geschlechter gehört. Seine wesentlichen Eigenschaften sind Schnelligkeit, Impulsivität, Mut, Ehrlichkeit und Rache, unbändiger Wille und Unvorsichtigkeit, seine Energie ist geradlinig nach außen gerichtet und kompromisslos.

Fast alle Söhne des Mars werden Krieger. Selbst der Liebesgott Eros, den Mars mit Venus, der Göttin der Liebe und der Schönheit, zeugt, gilt als wilder Knabe. Er verschießt wahllos seine Liebespfeile oder setzt Herzen mit schrecklichen Fackeln in Brand.

Sheila Farrant ordnet dem Zeichen Widder als Regentin das Symbolbild der *Amazone* zu. Die Amazonen waren nicht sesshafte Jägerinnen und Kriegerinnen, die zum Beispiel in Griechenland um 1000 v.u.Z. lebten, wo sie Troja im Kampf gegen die Griechen beigestanden haben sollen. In der griechischen Mythologie gilt Penthesilia, die Amazonenkönigin, als eine Tochter des Ares. In allen Geschichten über die Amazonen wird ihr Temperament, ihr Mut und ihr Selbstbewusstsein deutlich. Sie waren unabhängig, impulsiv und bestimmt, sie hatten Freude daran, Risiken einzugehen und Herausforderungen anzunehmen. Sie liebten das Abenteuer und ihre Freiheit. All diese Eigenschaften sind dem Urprinzip Mars zuzuordnen.

Menschen, in deren Horoskop der Mars stark gestellt oder das Zeichen Widder betont ist, zeichnen sich aus durch Impulsivität und Handlungseifer. Sie sind recht gut darin, Dinge in Bewegung zu bringen, andere mit ihrer Begeisterung mitzureißen und in Arbeitsprojekten anzuleiten. Sie lieben Veränderung und Abwechslung, sind eigenwillig und meistens ziemlich ungeduldig. Ihre Freunde und Verwandte kennen sie als unbekümmerte, unkomplizierte und direkte Menschen, die sagen, was sie denken, manchmal ohne sich über eventuelle Verletzungen ihrer Gegenüber Gedanken zu machen.

Ein *Garten, der dem Mars bzw. den Amazonen gewidmet* ist, wird von geraden Wegen erschlossen, die direkt und ohne Umwege oder Schlenker zum jeweiligen Ziel führen. Er ist nicht liebevoll komponiert, sondern eher funktional. Es wird kein Wert auf Ordnung oder Harmonie gelegt. Die hier wachsenden Pflanzen sind wehrhaft durch Dornen oder Stacheln.

Hat man sehr viel Raum zur Verfügung, kann man einen Bolzplatz anlegen oder Platz für andere »aggressive« Aktivitäten einrichten, zum Beispiel einen Holzhackplatz.

Der dem Mars zugeordnete heimische Laubbaum ist die *Eiche (Quercus robur)*. Im Kronenbild der Eiche findet sich weder Ordnung noch Harmonie noch Lieblichkeit. »Wenige schwere Äste winden sich aus dem Stamm heraus mit unwirsch-zurückweisender, abwehrender Bewegung und reichen oft weit seitwärts in den Raum hinaus. (...) Die Eiche lässt ihr Laub wachsen, wie es ihr gefällt; ob es sich auch in die Umgebung einfügt, ist ihr nicht so wichtig« (F. Julius und E.M. Kranich, 1985). Ihre Früchte fallen ohne Umweg zu Boden.

Das Fallen der Blätter, worin sich die Hingabefähigkeit eines Baumes zeigt, geht bei der Eiche nur ganz langsam und zäh vor sich.

Eine Zahl, die Mars zugeordnet werden kann, ist die Zwei, denn Mars ist auch der Planet der Ent-Scheidung (= das Schwert ziehen) und spaltet gerne die Einheit ent-zwei. Legt man die Numerologie für die Zuordnung zugrunde, müsste die Eins dem Archetyp Mars zugeordnet werden, denn die Eins steht für Pioniergeist, Aggressivität und Unabhängigkeit, für Aktivität, Kraft und Ehrgeiz – alles Eigenschaften des Marsprinzips.

Beispiele für Marspflanzen:

BAUM:	
Quercus robur	Stiel-Eiche
STRÄUCHER:	
Berberis media ‹Red Jewel›	Berberitze
Chaenomeles x superba-Hybr. ‹Crimson and Gold›	Zierquitte
Cornus alba ‹Sibirica›	Sibirischer Hartriegel
Cotoneaster watereri ‹Cornubia›	Zwergmispel
Ilex aquifolium	Stechpalme
Lycium barbarum	Bocksdorn
Pyracantha-Hybride ‹Kasan›	Feuerdorn
Ribes sanguineum ‹Atrorubens›	Blut-Johannisbeere
Rosa glauca	Hecht-Rose
Weigelia-Hybride ‹Bristol Ruby›	Weigelie
KLETTERPFLANZEN:	
Parthenocissus quinquefolia	Wilder Wein
Parthenocissus tricuspidata ‹Veitchii›	Wilder Wein
STAUDEN:	
Acaena microphylla ‹Kupferteppich›	Stachelnüsschen
Astilbe arendsii ‹Fanal›	Prachtspiere
Cirsium acaule	Stängellose Kratzdistel
Chrysanthemum-Indicum-Hybride ‹Granatschopf›	Winteraster
Echinacea purpurea ‹Magnus›	Roter Sonnenhut
Geum coccineum ‹Borisii›	Nelkenwurz
Lychnis chalcedonica	Brennende Liebe
Monarda Fistulosa-Hybride ‹Squaw›	Indianernessel
GRÄSER:	
Carex buchananii	Rote Segge
Miscanthus sinensis ‹Strictus›	Chinaschilf
ZWIEBELPFLANZEN:	
Tulipa greigii ‹Red Reflection›	Wildtulpe

_____________ 25-40 m, V, sonnig bis absonnig

_____________ 1,5-2 m, V-VI, sonnig bis schattig
_____________ bis 1,2 m, IV-V, sonnig bis halbschattig

_____________ bis 3 m, V, sonnig bis absonnig
_____________ 3-4 m, VI, sonnig bis halbschattig
_____________ 3-10 m, V-VI, absonnig bis schattig
_____________ 2-3 m, VI-X, sonnig bis absonnig
_____________ 3 m, V-VI, sonnig bis halbschattig
_____________ bis 2 m, IV, sonnig
_____________ bis 3 m, VI-VII, sonnig
_____________ 2,5-3 m, V-VII, sonnig bis absonnig

_____________ 10-15 m, VII-VIII, sonnig bis schattig
_____________ 12-15 m, VI-VII, sonnig bis halbschattig

_____________ 5 cm, VII-VIII, sonnig
_____________ 70 cm, VI-VII, halbschattig bis schattig
_____________ 10 cm, VII-IX, sonnig, warm
_____________ 80 cm, X-XI, sonnig

_____________ 90 cm, VI-IX, sonnig
_____________ 30 cm, VI-VIII, sonnig bis halbschattig
_____________ 100 cm, VI-VIII, sonnig
_____________ 100 cm, VII-IX, halbschattig

_____________ 40 cm, VII, sonnig
_____________ 150 cm, --, sonnig

_____________ 15 cm, IV-V, sonnig

Wenn das Grundstück, das zur Verfügung steht, groß genug ist, könnten also ein oder zwei Eichen angepflanzt werden. Ist kein Platz für einen Großbaum, kann die Zahl Eins oder Zwei anders symbolisch dargestellt werden. Auf jeden Fall sollte man aber Symmetrie in einem Marsgarten vermeiden!

Dem Tierkreiszeichen Widder, dessen Regent Mars ist, ist das Element Feuer zugeordnet. In einem Marsgarten muss es dementsprechend einen Feuerplatz geben, am besten einen, auf dem große Lagerfeuer flackern können.

Als Sitzmöglichkeit dienen einfache Holzbänke oder roh behauene Baumstämme.

Da *Rot* die Farbe von Mars ist, gehören zu den Marspflanzen diejenigen, die rote Blüten bzw. Früchte hervorbringen. Bänke und Baumpfähle könnten rot gestrichen werden, für Wege und Pflasterflächen wählt man am besten hellrote Materialien, z.B. hellrote Pflasterklinker, roten Granit oder Hochofenschlacke.

Eisen gehört zu Mars, ebenso leicht brennbare Materialien. Auch Stahlbeton, Eisen- und Stahlkonstruktionen sind machbar in einem Marsgarten. Wenn eine Abgrenzung notwendig oder erwünscht ist, kann man entsprechend einen Eisenzaun – mit Pfeilspitzen – bauen. Möchte man eine Wand beranken lassen, wäre eine angerostete Baustahlmatte eine typische Entsprechung für den Archetyp Mars. Eine Pergola baut man am besten aus dünnen behauenen Baumstämmen und Eisenträgern. Gibt es einen Feuerplatz, dient dort ein Schwenkgrill aus gusseisernen Stangen und Ketten als Grillmöglichkeit.

Jupiter ist der Herrscher vom Tierkreiszeichen *Schütze*, das zugeordnete Element ist das *Feuer*.

Dieser Planet versinnbildlicht das *entwickelnde Urprinzip*. Bei den alten Griechen ist es *Zeus*, ein Sohn von Kronos (Saturn) und Rhea, der diesen Archetyp darstellt. Nachdem er Kronos überlistet, entmachtet und alle seine vom Vater verschlungenen Geschwister gerettet hat, wird er von Letzteren zum Führer ernannt und tritt die Herrschaft über die Götter und Göttinnen an. Den Vater Kronos hat er zwar für alle Zeit entmachtet, belässt es aber großmütig bei einer Verbannung, anstatt ihn zu töten oder zu entmannen, wie es Kronos seinerzeit mit seinem Vater Uranos getan hatte.

Während seiner Herrschaft im Olymp zeugt er immer neue Götter und Halbgötter. Obwohl mit seiner Schwester Hera verheiratet, zieht es ihn ständig in die Ferne, um sich sowohl mit Göttinnen als auch mit sterblichen Frauen zu vereinen, und somit weitere Nachkommen, das heißt: Prinzipien zu zeugen.

In »Alexis Sorbas« beschreibt Nikos Kazantzakis Zeus als mitleidigen Gott, der es als seine Aufgabe ansah, einsame Frauen zu trösten: »Er liebte freilich die Frauen, aber nicht so, wie ihr Tintenkleckser euch das vorstellt. Er hatte Mitleid mit ihnen. Er verstand das Leid einer jeden und opferte sich für sie. Wenn er in irgendeinem Provinznest eine alte Jungfer sah, die vor Sehnsucht und Leid hinsiechte, oder eine hübsche junge Frau – meinetwegen auch eine, die nicht hübsch war, sondern womöglich ein Monstrum – und ihr Mann war abwesend und sie konnte deshalb nicht einschlafen, dann bekreuzigte sich das gute Herz, verkleidete sich, nahm die Gestalt dessen an, den die Frau im Sinn hatte, und betrat ihr Schlafzimmer« (N. Kazantzakis, 1980).

Wenn Sorbas auch seine Beschreibung des Zeus mit sehr viel dichterischer Freiheit ausführt, die dargestellte Großzügigkeit und Großmütigkeit sind auf jeden Fall Eigenschaften, die Zeus/Jupiter zugeschrieben werden.

Beispiele für Jupiterpflanzen:

BÄUME:

Acer plantanoides	Spitz-Ahorn
Aesculus x carnea ‹Briotii›	Scharlach-Rosskastanie
Magnolia liliiflora ‹Nigra›	Purpur-Magnolie

STRÄUCHER:

Hibiscus syriacus ‹Ardens›	Hibiscus
Hydrangea macrophylla ‹Compacta›	Hortensie
Rhododendron Hybride ‹Brasilia›	Rhododendron
Weigelia Hybride ‹Bristol Ruby›	Weigelie

KLETTERPFLANZEN:

Campsis radicans	Trompetenblume
Clematis ‹Niobe›	Clematis

STAUDEN:

Achillea Filipendulina-Hybride ‹Credo›	Schafgarbe
Aconitum carmichaelii ‹Arendsii›	Eisenhut
Bergenia Hybride ‹Abendglut›	Bergenie
Delphinium Elatum-Hybride ‹Finsteraahorn›	Rittersporn
Echinops ritro	Kugeldistel
Hemerocallis Hybride ‹Golden Zepter›	Taglilie
Lupinus Polyphyllus-Hybr. ‹Kastellan›	Lupine
Paeonia officinalis ‹Rubra Plena›	Pfingstrose
Yucca filamentosa	Palmlilie

GRÄSER:

Cortaderia selloana	Pampasgras

ZWIEBELPFLANZEN:

Fritillaria imperialis ‹Lutea Maxima›	Kaiserkrone
Hippeastrum ‹Red Sensation›	Amaryllis
Lilium regale ‹Album›	Königslilie

___________ 20-30 m, III-IV, sonnig bis halbschattig
___________ 10-15 m, V, sonnig bis halbschattig
___________ bis 4 m, IV-VI, sonnig

___________ 1,5-2 m, VI-IX, sonnig bis leicht absonnig
___________ 1-1,5 m, VII-IX, sonnig bis halbschattig
___________ 2-3 m, V-VI, halbschattig bis schattig
___________ 2,5-3 m, V-VII, sonnig bis absonnig

___________ bis 10 m, VII-IX, vollsonnig
___________ 2-3 m, V/VIII-IX, sonnig

___________ 80 cm, VII-IX, sonnig
___________ 100 cm, IX-XI, sonnig bis schattig
___________ 30 cm, IV-V, sonnig bis schattig
___________ 170 cm, VI-VIII, sonnig

___________ 120 cm, VII-IX, sonnig
___________ 90 cm, VII-VIII, sonnig bis halbschattig
___________ 90 cm, VI-VIII, sonnig
___________ 70 cm, V, sonnig
___________ 120 cm, VII-VIII, sonnig, geschützt

___________ 200 cm, VIII-X, sonnig

___________ 100 cm, IV, sonnig
___________ 55 cm, IV, halbschattig
___________ 125 cm, VII, halbschattig

Auch die Liebe zu den Menschen, Glück und Optimismus, Toleranz und Gnade, Maß und Gerechtigkeit, Religion und Glauben, Freiheit, Wachstum und Expansion sind Themen des Jupiters.

Menschen, in deren Horoskop das Zeichen Schütze betont oder deren Jupiter stark gestellt ist, lieben ihre Unabhängigkeit. Sie bewegen sich gerne, sowohl im körperlichen als auch im geistigen Bereich; sie sind reaktionsschnell, kraftvoll und gut koordiniert. Sie können sich gut ausdrücken bis hin zu Schlagfertigkeit, die manchmal allerdings verletzend sein kann. In Beziehungen erwarten sie Gleichberechtigung, Freiheit und Fairness. Es wird ihnen auch eine starke Verbindung zu Tieren nachgesagt.

Ein *Jupitergarten* ist ein offener Park mit großzügigen Rasenflächen, die zum Spielen, Liegen oder einfach nur zum Überqueren einladen.

Genau wie beim Sonnengarten sollte hier Zentralität oder eine Hierarchie dargestellt werden. Zum Beispiel, indem die Wege unterschiedlich breit und damit in Haupt- und Nebenwege aufgeteilt werden. Ein zentraler Platz wäre ebenso denkbar.

Das Element Feuer gehört zum Zeichen Schütze, dessen Regent Jupiter ist. Hier müsste es eine zielgerichtete Flamme sein, wie beim Bunsenbrenner oder Schweißgerät, denn zu Jupiter gehört Zielgerichtetheit und Schnelligkeit.

Ahorn (Acer platanoides) ist der heimische Laubbaum, der dem Jupiterprinzip am nächsten kommt. Beim Ahorn ist die Rangordnung der Endknospen von Leittrieb, Seitenästen und Zweigen besonders stark ausgeprägt, und »Ahorn hat mehr als alle anderen Bäume einen Mittelpunkt in sich selbst, aber ebenso sehr sucht er mehr als andere die Verbindung mit dem gesamten Umkreis der Welt« (F. Julius und E.M. Kranich).

Die Zahl Drei gehört zu Jupiter. Dies kommt zum Beispiel in dem Spruch »aller guten Dinge sind drei« zum Ausdruck.

(Manchmal wird auch die Vier dem Jupiter zugewiesen, die ich aber der Erde zuordnen möchte, da sie auch für das Kreuz und für Materie steht und deshalb meiner Meinung nach besser zum Planeten Erde passt.)

Es gibt sehr viele kleinwüchsige Ahorn-Bäume oder Großsträucher, die, als Dreiergruppe gepflanzt, das Jupiterprinzip auch in kleinen Gartenräumen symbolisieren können. Zum Beispiel der *Feuer-Ahorn (Acer ginnala)*, ein bis zu sieben Metern hoher Baum oder Großstrauch, vertritt auch aufgrund seiner leuchtend roten Herbstfärbung hervorragend dieses Prinzip.

Die Jupiterfarben sind *Kardinalsrot, Königsblau, tiefes Gelb* und im Allgemeinen *von innen leuchtende Farben*.

Dies sind dann auch die Blütenfarben der im Jupitergarten sich ausbreitenden Pflanzen. Außer durch ihre leuchtenden Farben fallen sie aufgrund ihrer besonders üppigen Blüten auf. Es sind große, auffallend blühende Bäume, Sträucher mit sehr großen Blüten und Blütenprachtstauden wie *Paeonie (Paonia), Rittersporn (Delphinium), Taglilie (Hemerocallis)* und andere. Auch exotische Pflanzen finden sich im Garten des Jupiters. Alleen und Baumgärten verdeutlichen ebenso dieses Prinzip.

Bänke, Baumpfähle und andere Bauelemente könnte man in den oben aufgeführten, leuchtenden Farben streichen.

Zinn und *Edelhölzer* gehören zu Jupiter, ebenso *Lapislazuli* und *dunkler Amethyst*

Da Reisen, sowohl äußere als auch innere, ein Thema vom Urprinzip Jupiter sind, könnte ein Garten desselben auch eine Ausstellungsfläche für Kunstgegenstände aus fremden Ländern sein.

Saturn

Saturn ist der Regent des Tierkreiszeichens *Steinbock*, welchem das Element *Erde* zugeordnet ist.

Saturn ist das *einschränkende, begrenzende Urprinzip*. Die

alten Griechen stellten diesen Archetyp durch *Kronos* dar, den Jüngsten der Titanen, Sohn von Uranos (Himmel) und Gaia (Mutter Erde). Er entmannte seinen Vater, nahm seine Schwester Rhea zur Gattin und machte sich selbst zum unbarmherzigen Alleinherrscher. Später wurde er von seinen Söhnen Hades (Pluto), Poseidon (Neptun) und Zeus (Jupiter) entmachtet und verbannt. Letztendlich wurde er zum Herrscher in Latium, dessen Volk er Kultur brachte und es lehrte, die Felder zu bestellen sowie Recht und Ordnung zu halten.

An dieser Geschichte werden die zwei Seiten des Kronos/Saturn deutlich: Als Alleinherrscher wirkt er nur einschränkend und unbarmherzig. Unter der Herrschaft des toleranten Jupiters macht er sich seine Erfahrungen zunutze und lehrt die Einschränkung auf das Wesentliche. Gerade Formen und Ernsthaftigkeit, Trennung und Verlust, Konzentration und Verantwortungsgefühl, Strenge sowie Widerstände und sich daraus entwickelnde Einsichten, Erkenntnis und Erfahrung sind die Themen von Saturn.

Eine Entsprechung zu Saturn ist die Göttin *Maat*, die als Regentin des Zeichens Steinbock gelten kann. Maat ist die Göttin der Zeit und des Schicksals. Sie ist das Symbol sozialer Ordnung, unter ihrer Selbstdisziplin werden Aufrichtigkeit, Treue und Fairness entwickelt.

Menschen, in deren Horoskop das Zeichen Steinbock stark besetzt oder der Planet eine dominante Rolle einnimmt, sind oft eher ernsthaft, nachdenklich und diszipliniert. Sie haben ein großes Bedürfnis nach Ordnung und Struktur in ihrem Lebensumfeld. Sie können länger konzentriert arbeiten als andere, sind ehrgeizig und streben Anerkennung in der Gesellschaft an. In Beziehungen und Freundschaften sind sie sehr verbindliche Partner.

Ein *Saturn- oder Maatgarten* ist dementsprechend ein strenger, formaler Garten. Es ist ein Schattengarten, der ruhig und ernst wirken sollte. Jeder Strauch und jeder Stein steht an seinem ihm vorbestimmten Platz, die Sträucher werden durch regelmäßigen Schnitt in Form gehalten. Es gibt keine spontane Vegetation und keine Trampelpfade. Alles ist rechtwinkelig und geradlinig, geschwungene Formen sucht man in diesem Garten vergeblich. Höhenunterschiede werden mit gemauerten Treppen und verfugten Mauern überwunden, alle Beete und Wegflächen sind mit Steinen eingefasst.

Unter den heimischen Laubbäumen verdeutlicht am besten die *Buche* (*Fagus sylvatica*) den Charakter des Saturns. Sie ist ein ernster, ruhiger und erhabener Baum. Der Boden eines Buchenwaldes ist im Sommer dunkel und meistens kahl, nur vereinzelt wachsen Kräuter. Die glatten Stämme bieten kaum Lebensraum für Kleintiere oder Schlingpflanzen. Vor einer Buche fühlt der Mensch sich demütig, sie erscheint ihm weder liebevoll wie die Linde, verspielt wie die Ulme, neckend wie die Birke noch – in all ihrer Ruppigkeit – liebenswert wie die Eiche. Saturn ist der Prüfer im Horoskop, und wenn man sich von irgendeinem Baum geprüft fühlt, dann von der Buche.

In einem Buchenwald kann man aber auch das Gefühl von einem geschlossenen, beschützten Raum haben – ein Aspekt, der ebenfalls zu Saturn gehört, welcher auch der alte, weise Vater genannt wird.

Als Zahl ordne ich die Zweiundzwanzig dem Saturnprinzip zu. Die Zweiundzwanzig ergibt durch numerologische Reduktion wieder die Vier, die die Zahl der Materie und Struktur ist. Menschen, die in der numerologischen Auswertung ihres Namens und Geburtstages die Zahl 22 erhalten, gelten als praktische Idealisten, als Baumeister. Sie verfügen über Weitblick und bringen Ordnung und System in die Welt. Sie sind in der Lage, Führungspositionen einzunehmen, mit Gruppen zu arbeiten und öffentliche Angelegenheiten zu regeln. Alle genannten Eigenschaften passen ebenso zum Saturnprinzip!

Hat man ein ausreichend großes Grundstück zur Verfügung, kann man vier Buchen anpflanzen, natürlich im Raster, im Qua-

Beispiele für Saturnpflanzen:

BÄUME:	
Carpinus betulus ‹Fastigiata›	Säulen-Hainbuche
Fagus sylvatica	Rot-Buche
STRÄUCHER:	
Buxus sempervirens ‹Suffruticosa›	Einfassungs-Buchsbaum
Ilex crenata ‹Bruns›	Japanische Hülse
Ligustrum delavayanum	Kugel-Liguster
Pachysandra terminalis	Dickanthere
Pieris floribunda	Amerikanische Lavendelhe
Prunus laurocerasus ‹Herbergii›	Kirschlorbeer
Rhododendron impeditum ‹Moerheimii›	Alpenrose
Vinca minor	Immergrün
KLETTERPFLANZEN:	
Hedera helix	Gewöhnlicher Efeu
STAUDEN:	
Asarum europaeum	Haselwurz
Astrantia major	Sterndolde
Helleborus niger	Christrose
Hepatica nobilis	Leberblümchen
Hosta sieboldiana	Blaublatt-Funkie
Saxifraga x urbium	Porzellanblümchen
FARNE:	
Blechnum spicant	Rippenfarn
Polystichum aculeatum	Glanzschildfarn
ZWIEBELPFLANZEN:	
Anemone blanda ‹Blue Shades›	Strahlen-Anemone
Muscari armeniacum	Traubenhyazinthe

_____ 15-20 m, schmale Säulenkrone
_____ bis 30 m, sonnig bis schattig, liebt lehmige, kalkreiche Böden

_____ bis 1m, immergrün, sonnig bis schattig
_____ bis 1,5 m, immergrün, sonnig bis schattig
_____ bis 2 m, immergrün, sonnig bis halbschattig, geschützt
_____ ca. 30 cm, immergrün, schattig
_____ bis 2 m, IV-V, schattig
_____ 2-3 m, immergrün, sonnig bis schattig

_____ bis 40 cm, IV-V, sonnig
_____ ca. 15 cm, IV-VI, halbschattig bis schattig

_____ bis 20 m, IX-XI, halbschattig bis schattig

_____ 10 cm, III-IV, halbschattig bis schattig
_____ 60 cm, VI-VIII, sonnig bis halbschattig
_____ 30 cm, XII-III, halbschattig bis schattig
10 cm, III-IV, halbschattig bis schattig
_____ 60 cm, VII-VIII, halbschattig bis schattig
_____ 25 cm, V-VI, halbschattig

_____ 25 cm, halbschattig bis schattig
_____ 70 cm, halbschattig bis schattig

_____ 10 cm, II-III, sonnig bis halbschattig
_____ 20 cm, IV-V

drat! Der Platz unter den Bäumen sollte begehbar bleiben, damit man sich unter ihnen aufhalten kann, um die Erhabenheit und Ruhe, die diese Bäume ausstrahlen, zu erfahren.

Dunkle, gedeckte Farben gehören zu Saturn: *Schwarz, Dunkelblau, Dunkelgrün, Anthrazit* und *Bleigrau*. Entsprechend gibt es viele immergrüne Pflanzen mit eher unscheinbaren Blüten in einem Saturngarten. Die Stauden, die sich in mit Buchsbaum eingefassten Beeten entwickeln, blühen dunkelblau oder grünlich-weiß und haben überwiegend dunkelgrüne, ledrige Blätter.

Ein Saturngarten ist ein Garten, in dem die schwere und verbindliche Qualität des Elementes Erde erfahrbar sein soll. Deswegen würde ich, neben den genannten Merkmalen der Architektur, der Pflanzen und Materialien, vertiefte Bereiche, also sozusagen »Senkgärten« schaffen. Der Höhenunterschied wird am besten mit Mauern aus schwerem, dunklem Stein aufgefangen. Überhaupt sollten alle Bauwerke und auch Tor- und Zaunpfeiler aus vermauerten Steinen bestehen.

Selbstverständlich benötigt ein Saturngarten eine Abgrenzung nach außen. Entweder wählt man auch hier Mauern oder aber schwere Eisentore und -zäune, denn Eisen ist wie auch das Blei dem Saturnprinzip zugehörig.

Die Wege könnten aus blauschwarzem Pflasterklinker und Basaltpflaster gebaut werden. Auf ihnen stehen dunkelblaue, schlichte Bänke ohne Lehne.

Chiron

Chiron gilt als die größte Wunde und der größte Heiler im Horoskop. Manche interpretieren ihn auch als schamanischen Heiler. Melanie Reinhart bezeichnet ihn als das *archetypische Bild des verletzten Heilers.*

Chiron ist ein Planetoid, ein Kleinstplanet also, und wurde 1977 entdeckt. Er befindet sich auf einer Umlaufbahn zwischen

Saturn und Uranus und zeitweise, weil er die Saturnbahn kreuzt, zwischen Jupiter und Saturn. Aus diesem Grund bezeichnet man ihn auch als Mittler zwischen zwei Systemen oder als Wendepunkt. Die Entdeckung Chirons fällt zeitlich mit dem katastrophalen Zustand unserer Umwelt, unserem Planeten Erde, und dem daraus langsam erwachenden Umweltbewusstsein zusammen. Wir stehen an einem Wendepunkt und es wird Zeit, dass wir uns um unsere und die Heilung unseres Planeten kümmern.

Chiron zeigt im Horoskop den Lebensbereich und die Art unserer Verletzung. Er zeigt an, wo es wehtut, und gibt den heilsamen Impuls.

Die Tatsache, dass Chiron seine Position wechselt, und zwar zwischen »vor« und »hinter« Saturn, wird gedeutet als Erweiterung unserer materiellen Welt (Saturn) durch Einbeziehung der transzendenten Welt jenseits von Saturn (Uranus, Neptun, Pluto). Wie die Schamanen in mehreren Welten leben können, so wandert Chiron zwischen der diesseitigen und der jenseitigen Welt hin und her und übermittelt Informationen zwischen beiden. Ursula Fassbender bezeichnet ihn deswegen als den »Wundervogel«, der uns auf unseren schamanischen Reisen durch die Welten trägt. Er sei damit letztendlich eine Voraussetzung für Heilung und eine Entwicklungsstufe zu einem »neuen«, »heilen« Menschen.

In einem zeitlichen Zusammenhang mit der Entdeckung Chirons stehen auch die Übernahme und Neuentwicklung verschiedener ganzheitlicher und alternativer Heilmethoden sowie Therapien und Techniken für die Persönlichkeitsentwicklung; diese Erweiterung unseres westlichen Begriffes von Heilung boomt seit den 80er Jahren.

Ein *Chirongarten* sollte die größte Wunde zeigen. Deshalb ist dieser Garten für mich eine Wüste, eine Karstlandschaft. Es gibt nur Felsen, Geröll und Schotter. Wir sehen hier beispielhaft die Verwüstung unseres Planeten Erde. Der Garten ist karg und

Beispiele für Chironpflanzen:

BÄUME:

Elaeagnus angustifolia	Ölweide

STRÄUCHER:

Amorpha canescens	Bleibusch
Amorpha fruticosa	Bastardindigo
Berberis candidula	Schneeige Berberitze
Berberis hookeri	Berberitze
Berberis julianae	Berberitze
Tamarix ramosissima ‹Pink Cascade›	Tamariske

STAUDEN:

Carlina acaulis ssp. simplex	Silberdistel
Draba aizoides	Hungerblümchen
Euphorbia myrsinithes	Walzenwolfsmilch
Lewisia cotyledon	Bitterwurz
Opuntien	Freilandkakteen
Phlox subulata ‹Scarlet Flame›	Polster-Phlox
Ramonda myconi	Felsenteller
Sedum acre	Mauerpfeffer
Sempervivum Hybribe ‹Hey Hey›	Hauswurz
Thymus praecox ‹Minor›	Thymian
Verbascum nigrum	Königskerze

GRÄSER:

Festuca cinerea	Blauschwingel

ZWIEBELPFLANZEN:

Tulipa kurdica	Wildtulpe
Tulipa polychroma	
Tulipa wilsoniana	

______________________ 5-7 m, V-VI, vollsonnig

______________________ bis 1 m, VI-VII, sonnig, warm
______________________ 2-3 m, VI-VIII, vollsonnig, warm
______________________ 0,8-1,2 m, V, sonnig bis schattig
______________________ 1-1,5 m, V-VI, sonnig bis absonnig
______________________ 2-3(-4) m, V-VI, sonnig bis absonnig
______________________ 3-4 m, VII-IX, sonnig

______________________ 30 cm, VII-IX, sonnig
______________________ 5 cm, II-III, sonnig
______________________ 20 cm, IV-V, sonnig
______________________ 15 cm, V-VIII, sonnig bis halbschattig

______________________ 10 cm, IV-V, sonnig bis halbschattig
______________________ 10 cm, V-VI, halbschattig bis schattig
______________________ 5 cm, VI-VII, sonnig
______________________ 10 cm, VI-VII, sonnig
______________________ 5 cm, VII VIII, sonnig
______________________ 120 cm, VII-VIII, sonnig

______________________ 20 cm, VI-VII, sonnig

______________________ 15 cm, III, sonnig
______________________ 10-15 cm, III-IV, sonnig
______________________ 10 cm, V, sonnig

unwegsam – schmale, unbefestigt Pfade führen über Geröll und Schotter, oft muss man über größere Gesteinsbrocken hinüberklettern. Er wirkt auf den ersten Blick wenig einladend, es gibt keine »gemütlichen«, heimeligen Ecken und keine schönen Ausblicke.

Ein Chirongarten ist aber auch ein heilender Garten. Auf den kahlen Felsenhügeln wachsen in Ritzen und kleinsten Fugen Kakteen und Dickblattgewächse, auf den Sand- und Geröllflächen haben sich Sträucher und Stauden angesiedelt, die mit kargen, erodierten Böden zurechtkommen und dort ihre oft überraschend leuchtenden Blüten entfalten. Diese anspruchslosen Überlebenskünstler zeigen uns, dass aus jeder Verletzung wieder Lebendiges und oft auch Schönes entsteht.

Da es bei der Heilung des Archetyps Chiron weniger um die körperliche als um die spirituelle Heilung geht, stelle ich mir für einen Chirongarten einen »Sandbildplatz« vor. Hier gibt es Sand, Kies und Steine in unterschiedlichen Körnungen und Farben; mit diesen und allen möglichen anderen gefundenen Materialien kann man Traum-Sandbilder herstellen. Diese heiligen Sandmalereien sind eine Methode der Schamaninnen und Schamanen der Aboriginees in Australien. Mit ihnen wird die Wirklichkeit abgebildet und erschaffen. Wir träumen unser Leben. Auf einer energetischen Ebene, die neben der materiellen Welt existiert, können wir verändern und heilen.

In einem Sandbild stellt man sich selbst und das eigene Leben und alle seine Aspekte dar. Es ist eine heilige Handlung und vergleichbar mit der Herstellung eines Altars. Den einzelnen Bereichen und Eigenschaften des Lebens wird so Achtung und Respekt erwiesen; es wird ihnen ein Raum gegeben. Wesentlich bei einer Sandmalerei ist, dass man auch das Unbekannte und Unfassbare des Universums darstellt. Und das soll die Aufgabe eines Chirongartens innerhalb eines Planetenparkes, in dem alle Archetypen oder Urprinzipien dargestellt sind, sein: die Achtung vor dem Unbekannten und Unfassbaren des Universums auszudrücken.

Uranus ist der Regent des Tierkreiszeichens *Wassermann*, das zugeordnete Element ist die *Luft*.

Der Planet Uranus steht für das *exzentrische, unstete Urprinzip*. Der Uranus der griechischen Mythologie (Uranos bedeutet Himmel) wird von Gaia, der Mutter Erde, geboren und wird dann, indem er befruchtenden Regen auf die Erde fallen lässt, selbst zum Schöpfer bzw. Vater immer neuer, seltsamer und bizarrer Wesen. Von seinem jüngsten Titanensohn Kronos (Saturn) wird er auf Drängen von Gaia, die über die Verbannung ihrer Kinder durch Uranus zornig ist, entmannt und getötet. Aber selbst im Sterben ist Uranus noch schöpferisch, denn aus seinem abgeschlagenen und ins Meer geworfenen Glied entsteht ein Schaum, dem die Liebesgöttin Aphrodite entsteigt. Und mit seinem letzten Blutstropfen befruchtet er Gaia ein weiteres Mal, woraufhin sie die Giganten, die Erynnien, die Furien und die Rachegöttinnen gebiert.

Uranus steht für alles Plötzliche, Unerwartete und Unvorhergesehene, für Unterbrechungen und Sprunghaftigkeit. Geistesblitze, Intuition und geniale Erfindungen, Katastrophen (auch im positiven Sinne als Umkehrpunkt verstanden) und Zufälle, Veränderungen und Revolution, Genie und Wahnsinn sind Themen des Uranus.

Die weibliche Regentin vom Tierkreiszeichen Wassermann ist *Athene*, die Schutzgöttin der griechischen Stadt Athen. Sie gilt als Erfinderin (die Erfindung eigentlich aller Handwerkskünste der Zivilisation wird ihr zugesprochen), als Gesetzgeberin, als Richterin und Schöpferin der Demokratie. Der Mythos, der beschreibt, wie Athene aus dem Kopf des Zeus geboren wird, ist als Luft/Geist-Symbol zu verstehen. Und er beschreibt den Übergang vom Mutterrecht in die neue Gesellschaftsform des Patriarchats. Athene unterstützt dieses neue System, den reformerischen, radikalen Vorgang.

Menschen mit einer Uranusbetonung in ihrem Horoskop

Beispiele für Uranuspflanzen:

BÄUME:

Robinia pseudoacacia	Scheinakazie, Robinie
Aralia elata	Aralie

STRÄUCHER:

Caragana arborescens	Erbsenstrauch
Colutea arborescens	Blasenstrauch
Corylus avellana ‹Contorta›	Korkenzieher-Haselnuss
Koelreuteria paniculata	Blasenbaum
Tamarix parviflora	Frühlings-Tamariske

STAUDEN:

Acanthus mollis	Bärenklau
Calamintha nepeta ‹Blue Cloud›	Steinquendel
Catananche caerulea	Rasselblume
Cichorium intybus	Wegwarte
Epilobium angustifolium	Weidenröschen
Hieracium aurantiacum	Habichtskraut
Malva sylvestris	Wilde Malve
Onopordum acanthium	Eselsdistel
Polemonium caerulea	Himmelsleiter
Solidago virgaurea	Gewöhnliche Goldrute
Verbascum densiflorum	Großblütige Königskerze

GRÄSER:

Festuca amethystina	Regenbogen-Schwingel
Helictotrichon sempervirens	Blaustrahlhafer

ZWIEBELPFLANZEN:

Eremurus himalaicus	Steppenkerze, weiß
Tecophilaea cyanocrocus	enzianblau, crocusähnlich

bis 25 m, V-VI, sonnig
5-7 m, VIII-IX, sonnig bis halbschattig

4-5 m, V, sonnig bis halbschattig
2-3(-4) m, V-X, sonnig
bis 5 m, III-IV, sonnig bis halbschattig
6-8(-15) m, VII-VIII, sonnig, geschützt
3-4 m, V-VI, sonnig

100 cm, VI-VIII, sonnig bis halbschattig
30 cm, VII-IX, sonnig bis halbschattig
60 cm, VII-IX, sonnig
80 cm, VI-IX, sonnig
90 cm, VI-VIII, halbschattig
30 cm, VI-VIII, sonnig, mager
100 cm, VI-X, sonnig
150 cm, VII-IX, sonnig, trocken
60 cm, VI-VIII, sonnig bis halbschattig
80 cm, VII-X, sonnig bis halbschattig
130 cm, VII-IX, sonnig

30 cm, VI-VII, sonnig
120 cm, VII-VIII, sonnig

150 cm, V-VI
10-15 cm, IV

sind intellektuell, vernunftbetont und sozialreformerisch ausgerichtet. Sie sind einfallsreich und erfinderisch und interessieren sich für alles Außergewöhnliche, auch für Außenseiter der Gesellschaft. Oft sind sie bestrebt, alte Werte zu überwinden und Neues, zum Wohle der Menschheit, in die Welt zu bringen. Das Skurrile fasziniert sie und manche überfordern sich etwas mit ihrem Anspruch, stets besonders sein zu müssen.

Ein *Uranusgarten* ist entsprechend kein Garten im herkömmlichen Sinne mit abgegrenzten Beeten, Rasen- und Pflasterflächen, sondern vielmehr ein spontaner, offener und bizarrer Garten. Es ist eher eine Schotter- und Steinfläche, die mit Spontanvegetation bewachsen ist. Die Wege sind uneben und weisen plötzliche Biegungen oder Richtungsänderungen auf, die dem den Garten Durchwandernden oft unerwartet neue Ausblicke oder Blickwinkel eröffnen. Falls Wege oder Plätze gepflastert werden sollen, könnte man bunte Betonsteine verwenden. Auch Wege aus hellgrauem Splitt wären eine typische Entsprechung für das Uranusprinzip.

Aber am besten werden die Wege gar nicht befestigt, sprich: festgelegt; es sollen spontane Trampelpfade entstehen und bestehende Wege von auflaufenden Kräutern wieder zugewachsen werden können.

Dem Zeichen Wassermann ist das Element Luft zugeordnet, sodass dieses im Uranusgarten dargestellt werden sollte. Bei Merkur geschieht es durch die Anpflanzung von blühenden, insektenanziehenden Sträuchern und Stauden. Im Uranusgarten würde ich dagegen durch einen Aussichtsturm oder Ähnliches dafür sorgen, dass die Bewohnenden selbst sich in die Höhe begeben und den festen Boden unter den Füßen aufgeben können, um so das Element Luft zu erfahren. Dort würden sie einen Überblick über den gesamten Garten erhalten, und genau dieser Überblick ist auch eine Qualität von Uranus.

Die Pflanzen sind spontan aufgewachsene, das heißt durch Aussaat selbst angesiedelte Bäume, Sträucher und Stauden sowie einjährige Kräuter. Insgesamt gibt es nur wenige Bäume, sodass der Blick nach oben zum Himmel frei und unverstellt ist.

Der Baum, den ich dem Uranusprinzip zuordne, ist die Scheinakazie (*Robinia pseudoacacia)*. Es ist ein Baum, der sich stark selbst aussät und sogar in den kleinsten Ritzen und Fugen wächst. Und so für einige Überraschung sorgt, wenn man ihn zum Beispiel in einer Regenrinne oder in einem aufgegebenen Schornstein vorfindet. Außerdem hat er eine lichte Krone, die viel Licht und zum Teil auch den Blick in den Himmel hindurchlässt.

Die das Uranusprinzip versinnbildlichende Zahl ist die Dreizehn. Im Volksmund sagt man der Dreizehn plötzliche, oft unangenehme Überraschungen nach. Auf eine einstellige Zahl reduziert, ergibt sie die Vier, ist also mit dieser verwandt. Diese Verwandtschaft sehen wir in der griechischen Mythologie, in der Uranus der Vater des Kronos (dem ich die Zahl 22/4 zugeordnet habe) ist, sowie in der Tatsache, dass in der Astrologie Saturn, bis Uranus entdeckt wurde, als Herrscher des Zeichens Wassermann galt.

Im Uranusgarten wird die Dreizehn am besten mit modernen, bizarren Skulpturen dargestellt. Materialien wie Glas, Plastik, Aluminium und Recyclingstoffe zeigen das Uranusprinzip und eignen sich sowohl für die Kunstwerke als auch als Baustoffe für andere Bauwerke.

Die Farben des Uranus sind *Eisblau und Eisblaugrün, schillernde, metallische Farben, Türkis und »extrem bunt«*. Entsprechend überwiegen im Garten dieses Archetyps graulaubige Pflanzen und solche, die hellblau oder schillernd blühen. Außerdem gibt es Pflanzen mit skurrilen Wuchsformen oder Früchten, z.B. den *Blasenstrauch (Colutea arborescens)*, dessen Früchte blasig aufgetrieben sind.

Neptun ist der Herrscher vom Zeichen *Fische*, das dazugehörige Element ist *Wasser.*

Neptun ist Sinnbild für das *auflösende Urprinzip*. In der griechischen Mythologie wird dieses Prinzip durch *Poseidon*, den Gott der Meere, vertreten. Er ist ein Sohn von Kronos (Saturn) und Rhea und damit der Bruder von Zeus und Hades. Nachdem er und seine anderen Geschwister von Zeus aus dem Bauch des Vaters gerettet werden, der diese alle verschlungen hatte, wird ihm das Meeresreich zugewiesen. Trotz zahlreicher Versuche – er lässt keine Möglichkeit aus, die bestehende Ordnung aufzuweichen, Gerüchte auszustreuen und Lügen zu verbreiten – gelingt es ihm nicht, sein Machtgebiet über das Meer hinaus auszudehnen.

Neptun hat unzählige Affären und Liebschaften, wobei er die meisten seiner Geliebten nur mit fantasievollen Täuschungen und geheimnisvoller Zauberei gewinnen kann.

Neptun bedeutet also Auflösung der Gegensätze, Verwandlungskunst und Illusionen, aber auch Fantasie und Einfühlungsvermögen, Hellsichtigkeit, Sehnsucht nach Transzendenz, Wunder, Traum und Meditation, das Unbewusste und das Geheimnis. Durch Neptun erleben wir die Auflösung der Polarität und erahnen die dahinter liegende Einheit.

In vorhellenischen Kulturen galt die *Meeresgöttin*, die viele verschiedene Namen trägt, als Herrscherin des Tierkreiszeichens Fische. *Tiamat,* die sumerisch-babylonische Göttin der Ozeane und Urmutter der Zeit, ist ein Beispiel für eine Meeresgöttin. Sie ist das Meer der Unsterblichkeit, das zeitlose Wasser, das Meer der Unendlichkeit und des Nichts und erinnert damit an das buddhistische Nirwana.

Tiamat ist mystisch und verträumt, hat aber auch, wie das Meer eben, die Fähigkeit, sich mit Gewalt und Zerstörung zu wehren. Und sie ist wundertätig wie später Jesus, der große Lehrer des Fische-Zeitalters. Anteilnahme und Mitgefühl, Gewaltlosigkeit und Spiritualität sind Eigenschaften der großen Meeresgöttin.

Wenn in einem Horoskop das Zeichen Fische betont oder Neptun stark gestellt ist, dann findet man einen äußerst einfühlsamen und feinsinnigen Menschen, der flexibel, anpassungsfähig und verständnisvoll ist. Fische-Geborene legen sich nicht gerne fest, sie sind verspielt und manchmal chaotisch. Oft sind sie künstlerisch begabt und an esoterischen Themen interessiert, es zieht sie zur Musik und zum Meer.

Ein *Garten, der das Urprinzip Tiamat bzw. Neptun darstellen soll*, darf keine harten Grenzen aufweisen. Hier fließt alles ineinander, die Übergänge sind verschwommen und schwer wahrnehmbar. Wenn man viel Fläche zur Verfügung hat, bietet sich die Anlage eines großen Teiches mit Schilf- und Uferzone an. Diese Zonen zerfließen ineinander und auch der Übergang zum festen Uferbereich ist oft nicht eindeutig zu erkennen.

Die Wege in einem solchen Garten sind nicht befestigt. Am besten würden zum Neptunprinzip Sandwege passen. Da diese aber nicht gut begehbar sind, könnte man mit wassergebundenen Wegedecken wenigstens optisch einen ähnlichen Eindruck erwecken (da auch Täuschung zu Neptun gehört, ist gar nichts gegen solche Kompromisse einzuwenden).

Die Wege sind verschlungen und verwunschen, führen durch Gebüsch und vielleicht teilweise über Holzstege durch die Sumpfzone. Es könnte einen versteckt liegenden Meditationsplatz geben. Ist ein sehr großer See möglich, wäre eine kleine Insel denkbar, die über Trittsteine zu erreichen ist und auf der es durch Schilf oder Bambus abgeschirmte Uferplätze gibt, von denen aus man auf die Wasserfläche schauen kann.

Als Baum ordne ich die *Zitter-Pappel* (*Populus tremula)* und die *Trauer-Weide* (*Salix alba ‹Tristis›)* Neptun zu. Es sind beides Weichholzbäume, die in dem Wasserelement, das zu Neptun

Beispiele für Neptunpflanzen:

BÄUME:	
Populus tremula	Zitter-Pappel
Salix alba ‹Tristis›	Trauer-Weide
STRÄUCHER:	
Hydrangea aspera ‹Macrophylla›	Riesenblatt-Hortensie
Kolkwitzia amabilis	Kolkwitzie
Viburnum opulus ‹Roseum›	Schneeball
Viburnum plicatum ‹Marisii›	Japan-Schneeball
KLETTERPFLANZEN:	
Aristolochia macrophylla	Pfeifenblume
STAUDEN:	
Alchemilla mollis	Frauenmantel
Filipendula purpurea ‹Elegans›	Mädesüß
Geranium x oxonianum ‹Rose Claire›	Storchschnabel
Lythrum salicaria ‹Rose Queen›	Weiderich, lilarosa
Thalictrum aquilegifolium	Wiesenraute
BAMBUS:	
Fargesia murielae ‹Kranich›	Schirmbambus
Pseudosasa japonica	Pfeilbambus
GRÄSER:	
Miscanthus japonicus	Riesenchinaschilf
SUMPF- UND WASSERPFLANZEN:	
Cyperus longus	Zyperngras
Glyceria maxima	Wasserschwaden
Hottonia palustris	Wasserfeder
Pistia stratiotes	Muschelblume
ZWIEBELPFLANZEN:	
Crocus tommasinianus	Elfen-Krokus

____ 8-10(-20) m, sonnig bis schattig
____ 15-20 m, sonnig

____ 2-3,5 m, VII-IX, halbschattig, geschützt
____ 2-3 m, V-VI, sonnig bis halbschattig
____ bis 4 m, V-VI, sonnig bis halbschattig,
liebt eher frische bis feuchte Böden
____ 1,5-2 m, V-VI, sonnig bis halbschattig

____ bis 10 m mit Kletterhilfe, VI-VIII, halbschattig bis schattig

____ 30 cm, VI-VII, völlig anspruchslos
____ 80 cm, VII-VIII, halbschattig bis schattig
____ 40 cm, VI-VIII, sonnig bis schattig
____ 70 cm, VI-VIII, sonnig bis halbschattig
____ 100 cm, V-VII, sonnig bis halbschattig

____ 3-4 m, hellgrünes Laub, sonnig bis halbschattig
____ 2 bis 3(-5) m, sonnig bis halbschattig

____ 3m, sonnig, (blüht nur selten)

____ 100 cm, VI-IX, sonnig bis halbschattig
____ 100 cm, VII-VIII, sonnig bis halbschattig
____ 20 cm, V-VII, sonnig bis schattig, Schwimmpflanze
____ 10 cm, sonnig, Schwimmpflanze

____ 10 cm, II-III, sonnig

gehört, zu Hause sind. Auch ihr natürlicher Standort spricht für diese Zuordnung: Die Zitter-Pappel ist »bodenvage«, das heißt, sie toleriert alle Bodenarten (auch Unentschiedenheit ist ein Thema von Neptun), bevorzugt aber grundwasserbeeinflusste Böden. Die Trauer-Weide ist ein charakteristischer Baum für periodisch überschwemmte Ufer von Seen und Flüssen und für Auenwälder.

Dem Neptunprinzip entspricht meiner Ansicht nach die Zahl Sieben. In der Numerologie steht die Sieben für Innenschau, Stille und Spiritualität. Auch finden wir die Sieben in vielen Märchen und Mythen als heilige Zahl; Märchen, Fabeln, Mythen und Erzählungen von Wundern unterstehen dem Prinzip Neptun.

In einem großen Garten könnte man also einen Hain aus sieben Zitter-Pappeln anpflanzen. Auf einem kleineren Grundstück pflanzt man statt der Bäume einfach Bambus. Alternativ lassen sich in einem Teich sieben Steine setzen, die zur Hälfte aus der Wasserfläche herausschauen. Und, und, und ... der Fantasie sollte man in einem Neptungarten keine Grenzen setzen!

Zu Neptun gehören die Farben *Meergrün, Algengrün, Rosa* (ebenfalls eine Venus-Farbe), *Hell-Lila* und generell *blasse, verfließende Farben*. Bei der Auswahl der Pflanzen bevorzugt man lila und rosa blühende und solche, deren Laub eher blass- als kräftig dunkelgrün ist.

Alles Flüssige und leicht Zerbrechliche ist neptunisch, *Jade*, außerdem *Alabaster, heller Amethyst* und *Türkis*. Unter den Metallen zählt *Weichaluminium* zu Neptun, andere Materialien sind zum Beispiel *Bambus* und *zarte Schleierstoffe*.

Ich denke mir für einen neptungemäßen Meditationsplatz ein Zelt, eine Art Tipi, erstellt aus Bambusstangen und Stoffen, hellrosa und -lila, bestickt mit mystischen Zeichen aus Silberfäden. Der Zeltboden ist bestreut mit feinem Sand und kleinen

Meeresmuscheln. Im Baum neben dem Zelt klingt sanft ein Windspiel. Alles liegt versteckt im hoch aufgewachsenen Schilf, abends hört man die Forellen im nahe gelegenen See springen.

Pluto

Pluto ist der Herrscher des Tierkreiszeichens *Skorpion*, das diesem Zeichen zugeordnete Element ist *Wasser*. Pluto steht für das *transformierende Urprinzip*. In der griechischen Mythologie ist es Hades, der Gott der Unterwelt, Sohn des Kronos (Saturn) und Bruder von Zeus (Jupiter) und Poseidon (Neptun), der dieses Prinzip vertritt. Er und seine Brüder losen um die Macht über Himmel, Meer und Unterwelt: Zeus gewinnt den Himmel, Poseidon das Meer und Hades die Unterwelt. Hades unterliegt also das Stirb und Werde, das Prinzip der Metamorphose und Wiedergeburt. Dieses Prinzip ist unerlässlich für Entwicklungsschritte, denn ohne Zerstörung gibt es keinen Aufbau, ohne Beendigung keinen Neuanfang, ohne Tod kein Leben. Und dieses Phänomen lässt sich auf alle Lebensbereiche übertragen.

Dunkelheit und Macht sind Themen von Pluto, auch Intensität und Tiefgründigkeit. Hypnotische Fähigkeiten und starke Heilkräfte, (schöpferische) Potenz und der Wille zu tief greifender Veränderung werden Pluto zugeschrieben.

Eine andere Regentin von Skorpion ist Isis, die Hüterin der Mysterien und der Initiation. Zur Zeit Ptolemäus unterstand Isis jegliche Heilkunst, durch ihre Riten wurden Tod, Schmerz und Leid überwunden. Ein anderes Thema von Isis ist das Verständnis und Wissen um Macht sowie die Fähigkeit, mit ihr umzugehen. Unabhängigkeit und Stärke, Leidenschaft, Intensität und Verschwiegenheit sind Eigenschaften von Isis und gehören daher zu diesem Urprinzip.

Menschen, die im Zeichen Skorpion geboren wurden bzw. in deren Horoskop Pluto dominant ist, haben eine starke Willens-

Beispiele für Plutopflanzen:

BÄUME:

Populus nigra	Schwarz-Pappel

STRÄUCHER:

Daphne mezereum ‹Alba›	Weißer Seidelbast
Euonymus fortunei ‹Vegetus›	Kletter-Spindelstrauch
Lonicera caerulea	Blaue Heckenkirsche
Symphoricarpos racemosus	Schneebeere

KLETTERPFLANZEN:

Celastrus orbiculatus	Baumwürger
Polygonum aubertii	Schling-Knöterich

STAUDEN, GRÄSER, FARNE:

Arum italicum	Aronstab
Chelone obliqua	Schlangenkopf
Lychnis viscaria ‹Plena›	Pechnelke
Ophiopogon planiscapus ‹Nigrescens›	Schlangenbart
Polygonum bistorta ‹Superbum›	Wiesen-Knöterich
Tricyrtis hirta	Krötenlilie
Carex grayi	Morgensternsegge
Athyrium filix-femina	Frauenfarn
Dryopteris dilatata	Wurmfarn

SUMPF- UND WASSERPFLANZEN:

Alisma plantago-aquatica	Froschlöffel
Calla palustris	Sumpfcalla
Menyanthis trifoliata	Fieberklee
Potentilla palustre	Blutauge
Elodea canadensis	Wasserpest

ZWIEBELPFLANZEN:

Colchicum autumnale	Herbstzeitlose

20 25 m, III-IV, sonnig bis absonnig

bis 1,2 m, III-VI, halbschattig bis schattig
0,4-1 m, V-VI, sonnig bis schattig
1-2,5 m, IV-V, sonnig bis halbschattig
bis 2 m, VI-IX, sonnig bis halbschattig

über 10 m, VI, sonnig bis halbschattig
8-15 m, VII-IX, sonnig bis schattig

30 cm, IV-V, halbschattig bis schattig
70 cm, VII-IX, sonnig bis halbschattig
40 cm, V-VII, sonnig
20 cm, VI-VIII, halbschattig bis schattig
100 cm, V-VII, sonnig bis halbschattig
50 cm, VIII-X, halbschattig
60 cm, VII-VIII, sonnig bis schattig
70 cm, halbschattig
60 cm, halbschattig

80 cm, VI-VII, sonnig bis schattig
25 cm, VI-VIII, sonnig bis halbschattig
25 cm, VI-VII, sonnig bis halbschattig
20 cm, VI-VII, sonnig bis halbschattig
Unterwasserpflanze, sonnig bis halbschattig

15 cm, IX-X, sonnig

kraft und einen ausgeprägten Sinn für Macht; sie wollen sich von niemandem beherrschen lassen. Sie erscheinen introvertiert und geheimnisvoll, aber sie sind auch stolz und würdevoll. Mit den transformierenden Kräften von Tod und Geburt können sie besser umgehen als in anderen Zeichen Geborene, mit der ihnen eigenen Weisheit können sie anderen in schweren Zeiten beistehen und Trost spenden.

Da Wasser das Element ist, welches dem Zeichen Skorpion zugeordnet wird, ist ein *Pluto- bzw. Isisgarten* ein Ort, in dem das Wasserelement konkret vertreten ist. Hier wäre es aber nicht, wie beim Mond, eine ruhige, stille, eher kleine Wasserfläche, sondern ein Bachlauf mit Anfang und Ende, also mit Quelle und Mündung. Letztere könnte in einem sumpfigen Teich enden.

Der gesamte Garten ist wenig »geordnet« und nicht überschaubar. Es handelt sich eher um ein verschlungenes Dickicht, einen Urwald, in dem abgestorbene Pflanzen und Pflanzenteile liegen gelassen werden und hier an Ort und Stelle verrotten, woraus ein fruchtbarer Nährboden für das weitere Pflanzenwachstum entsteht. Es kann ebenso ein Bruchwald sein, auch ein Sumpf würde der Pluto-Qualität entsprechen. Überall riecht es nach Pflanzenwachstum, nach Moder und Verrottung.

Die Wege sind kleine, verschlungene Pfade, ihr Ende nicht abzusehen; sie sind nicht befestigt und in der feuchten Jahreszeit oft morastig und unwegsam.

Die Bäume, die meiner Meinung nach am besten zum Plutoprinzip passen, sind die *Schwarz-Pappel (Populus nigra)* und die *Erle (Alnus glutinosa)*. Die Pappel kommt schon in der griechischen Mythologie vor: Der Eingang der Unterwelt liegt am Fluss Okeanos inmitten eines Waldes von Schwarz-Pappeln. Die Erle entspricht dem besprochenen Urprinzip aufgrund ihrer dunklen, etwas gedrungenen Art. Auch ihr natürlicher Standort (Erlenbruchwälder, an Bachläufen) lässt sie diesem Prinzip zuordnen.

Als Zahl ordne ich die Siebzehn Pluto zu. Marco Pogacnik schreibt in »Die Landschaft der Göttin«: »Die Zahl 17 ist eine unausgeglichene Zahl und führt zu Disharmonie. Gäbe es in einem Kreis zum Beispiel 17 Steine, so würde das bedeuten, dass der Kreis nicht abgeschlossen ist und dringend etwas darin fehlt. Dieses fehlende Glied würde mit der Zeit eine Spannung zwischen den vorhandenen Steinen verursachen, das heißt eine destruktive Wirkung hervorrufen, die in letzter Konsequenz unweigerlich zur Umwandlung der bestehenden festgelegten Beziehungen im Kreis führen würde. Also gebraucht man die Zahlenkombination 17 bewusst immer dann, wenn ein Ort in besonders intensive Schwingungen gebracht werden soll, die eine Wandlung hervorbringen« (M. Pogacnik, 1997).

Reduziert man die Siebzehn auf eine einstellige Zahl, wie in der Numerologie üblich, erhält man die Acht. Die Acht ist die Zahl, die für die Unendlichkeit steht – die Lemniskate, das Symbol für Unendlichkeit, ist eine liegende Acht –, und sie steht in der Numerologie für Macht.

Also pflanze man in einen Plutogarten zum Beispiel 17 Erlen oder, wenn nicht so viel Platz vorhanden ist, 17 Stauden derselben Art und Sorte, um eben diese Spannung, die zur Umwandlung führt, spürbar zu machen. Man kann auch einen Steinkreis wie oben beschrieben mit 17 Steinen setzen.

Die Farben, die analog zu Pluto gehören, sind gespannte Farben, zum Beispiel *Granatrot* und *Giftgrün*, *Lila*, *Schwarz* und *Weiß* kombiniert sowie die Kombination von *Rot* und *Blau*.

Die Pflanzen in einem Plutogarten sind wuchernde, schlingende, zum Teil giftige Pflanzen. Sie bilden undurchdringliche Dickichte und lassen die sowieso schon schmalen Pfade noch enger erscheinen. Typische Hexenpflanzen wie zum Beispiel *Holunder (Sambucus nigra)* gehören in diesen Garten, denn zu Pluto gehört auch die Magie (die weiße ebenso wie die schwarze, denn jedes Urprinzip hat seine zwei Seiten). Anderes verwendetes Material ist massiv, von hoher Dichte, zum Beispiel dunkler Granit oder Basalt für Wege oder »Felsen«, denen eine Quelle entspringt.

Eisen, insbesondere *Schmiedeeisen*, repräsentiert die Plutoqualität, ebenso *Leder* und *Hanf*. Entsprechend sollten Bauteile (Zäune, Pergolen u.Ä.), Kunstwerke und Möbel aus diesen Materialien beschaffen sein.

Ein Planetengarten als »Spiegel der Seele«

Im vorangegangenen Abschnitt haben wir gesehen, wie man ein Planetenprinzip in ein Gartenbild übersetzen kann. Nun kann man sich, genauso wie bei den Elementegärten, nach Gefallen und intuitiv einen oder mehrere davon aussuchen und verwirklichen. Oder aber man nimmt das eigene Horoskop als Grundlage und bestimmt den dominanten Planeten, um diesen dann – im Sinne der homöopathischen Vorgehensweise – im Garten umzusetzen.

Um den dominanten Planeten im Geburtshoroskop zu ermitteln, stelle ich im Folgenden die etwas abgeänderte Methode von Tracy Marks (»Horoskopsynthese«) vor.

Sie benötigen hierfür neben der Horoskopabbildung eine Liste der genauen Planetenstände und der Aspekte der Planeten (Adressen siehe Anhang).

Um die Verteilung der Punkte laut Tabelle vornehmen zu können, folgt zuerst eine Auflistung der Zuordnungen von Tierkreiszeichen, Häusern und Herrschern sprich Planeten:

Widder	1. Haus	Mars
Stier	2. Haus	Venus
Zwillinge	3. Haus	Merkur
Krebs	4. Haus	Mond
Löwe	5. Haus	Sonne
Jungfrau	6. Haus	Merkur
Waage	7. Haus	Venus
Skorpion	8. Haus	Pluto
Schütze	9. Haus	Jupiter
Steinbock	10. Haus	Saturn
Wassermann	11. Haus	Uranus
Fische	12. Haus	Neptun

Tabelle 5: Analogien von Tierkreiszeichen – Haus – Planet

Feststellung des dominanten Planeten:

A Herrscher der Sonne
In welchem Zeichen steht die Sonne? Der Herrscher dieses Zeichens bekommt 1 Punkt.
Z.B. Sonne in Stier — Venus 1 Punkt
Die Sonne und der Mond werden wegen ihrer herausragenden Bedeutung extra gewertet. Die Sonne bekommt grundsätzlich 2, der Mond grundsätzlich 1 Punkt zusätzlich!
Sonne im Löwen — Sonne 3 Punkte
Sonne im Krebs — Mond 2 Punkte

B Herrscher des Aszendenten
Der Herrscher des Tierkreiszeichens, in welchem der Aszendent steht, bekommt 1 Punkt.
z.B. AC in Fische — Neptun 1 Punkt
z.B. AC in Löwe — Sonne 3 Punkte (1 plus 2 Sonnenpunkte)

C Planeten im eigenen Zeichen

Die Planeten, die in dem Zeichen stehen, dessen Herrscher sie sind, bekommen 2 Punkte.

z.B. Pluto in Skorpion	Pluto 2 Punkte
z.B. Mond in Krebs	Mond 3 Punkte (2 plus 1 Mondpunkt)

D Planeten im eigenen Haus

Die Planeten, die in den Häusern stehen, dessen Herrscher sie sind, bekommen 2 Punkte.

z.B. Mars im 1. Haus	Mars 2 Punkte
z.B. Sonne im 5. Haus	Sonne 4 Punkte (2 plus 2 Sonnenpunkte)

E Planeten am Aszendenten (AC)

Ein Planet, der bis 10° vor oder hinter dem AC steht, bekommt 1 Punkt. Steht er weniger als 2° vor oder 6° hinter dem AC, gilt er als besonders wichtig und bekommt 2 Punkte.

z.B. AC	15° Stier	
Saturn	20°30' Stier	Saturn 2 Punkte

F Planeten am Medium Coeli (MC)

Bei Planeten am MC gilt ebenso wie beim AC: Stehen sie bis 10° vor oder hinter dem MC, bekommen sie 1 Punkt, stehen sie weniger als 2° vor oder 6° hinter dem MC, erhalten sie 2 Punkte.

z.B. MC	9° Wassermann	
Mond	7°35' Wassermann	Mond 3 Punkte (2 plus 1 Mondpunkt)

G Planeten am Imum Coeli (IC)

Steht ein Planet bis 10° vor oder hinter dem IC, bekommt er 1 Punkt. Beträgt der Abstand jedoch weniger als 1° vor oder 2° hinter dem IC, dann gilt dieser Planet als besonders wichtig und erhält 2 Punkte.

z.B. IC	7° Zwillinge	
Merkur	6°24' Zwillinge	Merkur 2 Punkte

H Planeten am Deszendenten (DC)
Die Planeten bis 10° vor oder hinter dem DC bekommen 1 Punkt. Stehen sie weniger als 1° vor oder 2° hinter dem DC, erhalten sie 2 Punkte.

z.B. DC	28° Steinbock	
Sonne	29°16' Steinbock	Sonne 4 Punkte (2 plus 2 Sonnenpunkte)

I Stationäre Planeten
Ein Planet gilt als stationär, wenn er aus der Direkt- in die Rückläufigkeit oder umgekehrt übergeht und dabei seine Geschwindigkeit sich auf weniger als ein Zehntel der normalen Bewegung reduziert. Ein äußerer Planet kann über eine Woche auf der gleichen Minute des Tierkreisgrades verbleiben, bei einem inneren Planeten sind es weniger als 24 Stunden. Ein stationärer Planet gilt als besonders wichtig und bekommt 2 Punkte.

J Der Planet mit den meisten Aspekten
Der Planet mit den meisten Aspekten bekommt 1 Punkt. Gibt es zwei Planeten mit der gleichen – und höchsten – Anzahl an Aspekten, gebe ich in diesem Fall jedem je 1 Punkt.

K Unaspektierte Planeten
Planeten, die keinen Aspekt zu anderen Planeten oder den Achsen (auch Mondknotenachse) haben, sind als besonders wichtig mit 2 Punkten zu versehen.

L Planeten am Brennpunkt
Bei bestimmten Aspektkonfigurationen steht ein Planet im so genannten Brennpunkt. Das ist der Fall beim Yod und beim T-Quadrat.
Ein Yod besteht aus drei Planeten. Zwei davon stehen im Sextil (60°) zueinander, der dritte bildet zu diesen beiden jeweils einen Quinkunx (150°). Der Orbis darf nicht mehr als 5° betragen. Der Planet mit den beiden Quinkunx-As-

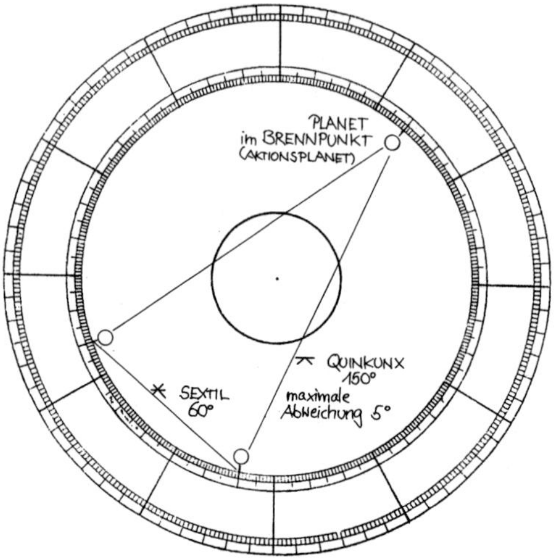

Abb. 3 Beispiel für ein Yod

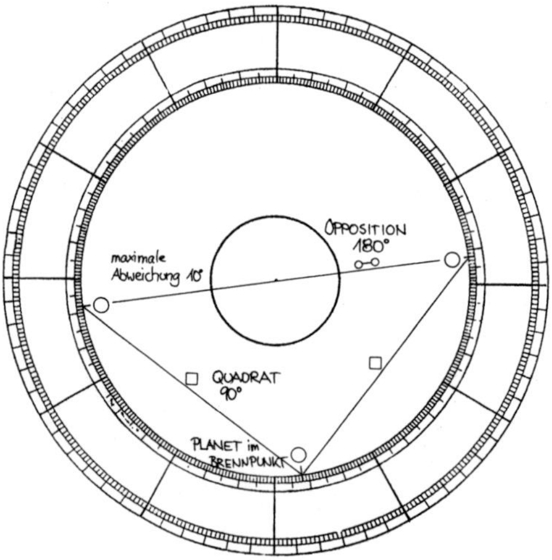

Abb. 4 Beispiel für ein T-Quadrat

pekten steht im Brennpunkt (siehe Abb. 3). Bei einem T-Quadrat stehen zwei Planeten in Opposition zueinander und ein dritter im Quadrat zu diesen beiden. Der Orbis sollte nicht mehr als 10° betragen. Der Planet mit den beiden Quadrat-Aspekten steht im Brennpunkt (siehe Abb. 4). Planeten im Brennpunkt von Aspektkonfigurationen sind für die Horoskopdeutung wichtig und werden deshalb auch bei der Feststellung des dominanten Planeten mit 2 Punkten gerechnet.

Beispiel für die Bestimmung des dominanten Planeten

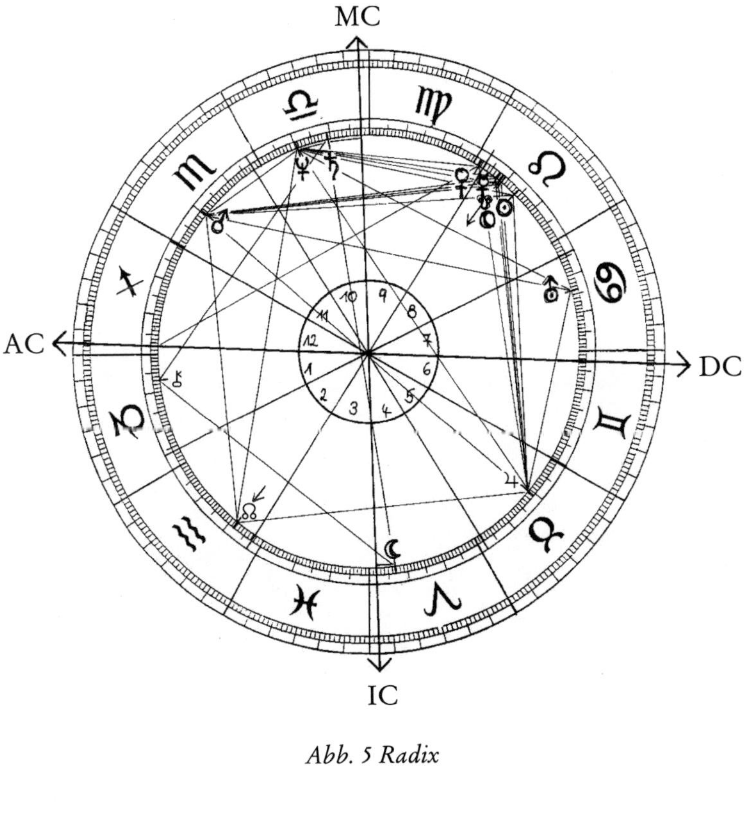

Abb. 5 Radix

Beispiel für die Bestimmung des dominanten Planeten:

A	Herrscher der Sonne ____________	Sonne im Löwen ________
B	Herrscher des AC ______________	AC im Schützen ________
C	Planet im eigenen Zeichen _______	Sonne im Löwen ________
D	Planeten im eigenen Haus _______	Saturn im Steinbock _____
		Mond im Krebs ________
		Pluto im Skorpion _______
E	Planet am AC _________________	AC 27°40' Schütze
		Chiron 7° Steinbock _____
F	Planeten am MC _______________	MC 2° Waage
		Saturn 10°57' Waage _____
G	Planet am IC _________________	IC 2° Widder
	___________________________	Mond 7° Widder ________
H	Planet am DC _________________	—
I	Stationärer Planet _____________	—
J	Planet mit den meisten Aspekten _	Jupiter 9 Aspekte ________
		Neptun 9 Aspekte _______
K	Unaspektierter Planet ___________	—
L	Planeten im Brennpunkt ________	T-Quadrat:
		Sonne 16°20' Löwe
		Pluto 21°02' Löwe
		Jupiter 19°22' Stier
		Mars 19°28' Skorpion
		Sonne im Brennpunkt _____
		Pluto im Brennpunkt _____
		dominanter Planet: ______

_______ Sonne 3 Punkte
_______ Jupiter 1 Punkt
_______ Sonne 4 Punkte
_______ Saturn 2 Punkte
_______ Mond 3 Punkte
_______ Pluto 2 Punkte

_______ Chiron 1 Punkt

_______ Saturn 1 Punkt

_______ Mond 2 Punkte

_______ Jupiter 1 Punkt
_______ Neptun 1 Punkt

_______ Sonne 4 Punkte
_______ Pluto 2 Punkte

_______ Sonne 11 Punkte

In dem vorangegangenen Beispiel ist sehr deutlich die Sonne der dominante Planet. Natürlich gibt es auch Horoskope, in denen mehrere Planeten dominant sind oder die Dominanz nicht so stark ausgeprägt ist. In diesen Fällen gilt dasselbe wie bei der Elementeverteilung. Entweder versucht man eine Selbsteinschätzung, fragt Freunde und Verwandte oder lässt sich von einer/m ausgebildeten Astrologin/Astrologen beraten. Letzteres hat den Vorteil, dass man noch viel mehr erfährt als nur die Elementeverteilung und den dominanten Planeten!

Man kann natürlich auch, vorausgesetzt der eigene Garten ist groß genug, mehrere Planetengärten anpflanzen.

Wenn Mars schon da ist …

In einem großen Wald-Garten in Achim bei Bremen sollte ein Teil des Grundstückes neu gestaltet werden. Es waren durch die Winterstürme einige große Kiefern umgestürzt bzw. dicke Äste aus den Kronen herausgebrochen. Jetzt wollten die beiden GartenbesitzerInnen diesen Bereich ihres eher wilden und sehr schattigen Gartens etwas »aufräumen« und eine weitere große Kiefer roden, um mehr Licht zu bekommen. Und schließlich sollte ein Planetengarten entstehen.

Das zu planende Stück Garten wurde auf einer Seite von der Rückfront des Hauses und auf einer anderen Seite von dem Zaun zum Nachbarn begrenzt. Es war ein *unregelmäßig rechteckiges* und etwas *unebenes* Teilstück. An den anderen beiden Seiten schlossen sich weitere Gartenabschnitte an, ohne rechte Grenze, bis auf eine sehr große *Stechpalme (Ilex aquifolium)*, deren *wild* aufgelaufene Sämlinge überall zu finden waren, und eine große *Eiche (Quercus robur)*, die beherrschend am Rand der Fläche stand. Sehr dicht am Haus befand sich eine *Feuerstelle* mit Schwenkgrill, die verlegt werden sollte. Der Zaun, ein etwas *angerosteter Maschendrahtzaun*, sollte erhalten, erhöht und mit Kletterpflanzen berankt werden.

Ohne den *»wilden Charakter«* des Gartens total verändern zu wollen, wünschten sich die beiden BewohnerInnen die Pflanzung von Ziersträuchern und die Entstehung eines weiteren Sitzplatzes im hinteren Bereich am Zaun, wo die Strahlen der Abendsonne am längsten hinreichten.

Bei den Überlegungen, welcher Planet nun am besten dargestellt werden sollte, fanden alle Beteiligten, dass »Mars ja irgendwie schon da ist ...«. Die Eiche, die Feuerstelle, der eiserne Schwenkgrill und die wilden Ilexsämlinge, der angerostete Metallzaun und das unebene Gelände sowie der »wilde Charakter« des Gartens: all dies verkörpert Mars bzw. Ares. Und so entstand bei dieser Gartenplanung ein Marsplatz!

Die Pfosten des Eisenzaunes wurden mit nicht korrosionsgeschützten Winkeleisen verlängert. Im oberen Bereich wurde als Kletterhilfe für den *Wilden Wein (Parthenocissus quinquefolia ‹Engelmannii›)* und den *Efeu (Hedera helix)* einfacher Draht gespannt. Die Feuerstelle wurde vom Haus weg auf den freien Platz verlegt und mit unregelmäßigen Feldsteinen umrandet. Um sie herum legte man kurze Baumstämme als Sitzgelegenheit. Der Platz blieb unbefestigt und uneben. Als Sichtschutz zum Haus erfolgte eine Pflanzung von freiwachsenden Sträuchern, die eine rote Rinde (wie *Hartriegel, Cornus sibirica ‹Alba›)* oder rote Beeren (z.B. der *Bocksdorn, Lycium barbarum)* besitzen. Vom Haus aus gesehen hinter dem Feuerplatz stehen jetzt ein Solitär-*Feuer-Ahorn* (*Acer ginnala*) und weitere, rotbeerige oder rotlaubige Straucher. Hier findet man unter anderem die *Tatarische Heckenkirsche (Lonicera tatarica), die Hecht-Rose (Rosa glauca)* und die *Blut-Hasel (Corylus maxima ‹Purpurea›)*. Unterpflanzt wurden sie mit feuerrot blühenden Astilben (wie z.B. *Astilbe japonica ‹Fanal›)* und unter dem Kronendach der Eiche blühen im Frühjahr knallrote *Wildtulpen (Tulipa greigii)*.

In dem ganzen Gartenbereich unregelmäßig verteilt stehen zehn zwischen 1,20 m und 1,80 m hohe Obelisken aus Schmiedeeisen. An ihnen klettern *Schlingknöterich (Polygonum auber-*

tii) und dunkelrot blühende *Clematis (z.B Clematis ‹Niobe›).* Auf dem Abendsonnenplatz wurde eine knallrote Holzbank aufgestellt. Hier kann man nun zwischen einer im Frühjahr rot blühenden *Scheinquitte (Chaenomeles lagenaria*) und einem prächtig herbstfärbenden *Korkflügelstrauch (Euonymus alatus)* sitzend die Glut des Abendhimmels betrachten.

Jedes Jahr im März, wenn die Sonne im Zeichen Widder steht, gibt es hier bei Vollmond ein wildes, großes Lagerfeuer. Zu Ehren von Mars/Ares wird dann getrommelt und getanzt. Zur Einweihung des Platzes wurden die vom Roden der Kiefer übrig gebliebenen Stammstücke ausgebrannt. Diese zum Teil verkohlten Stämme stehen noch zwischen den Sträuchern und verstärken den wilden, urigen Charakter des Marsgartens.

Der Garten im Wandel

Mancher mag sich scheuen, den eigenen Garten vollständig zum Symbol *eines* Planeten zu machen, so unabänderlich, wie es scheint: Und wenn man die Mondspirale dann irgendwann nicht mehr sehen kann? Sicher ist es richtig, vor dem Pflanzen eines Großbaumes gut zu überlegen, ob und welchen Baum man pflanzen möchte. Denn große Bäume sollten später auch nicht leichtfertig wieder gefällt werden. Man sollte sie nur dort pflanzen, wo sie Zeit und Raum haben, alte Großmütter- oder Großväterbäume zu werden. Dies gilt natürlich generell und nicht nur in »Astrologischen Gärten« und »Planetenparks«.

Und trotzdem ist der eigene Garten auch dafür da, ihn umzugestalten, wenn er nicht mehr »passt«, vor allem dann, wenn wir ihn als »Spiegel unserer Seele« verstehen. Niemand bleibt immer der- oder dieselbe und auch ein Garten ist den Gesetzen des Wandels unterworfen. Also pflanzen wir neue Sträucher und andere Stauden, verlegen oder erweitern die Terrasse, verkleinern die Rasenfläche oder bauen ein Baumhaus. An der Stelle des Feuerplatzes wird ein Wasserbecken angelegt und im hinteren Bereich entsteht ein weiterer Sitzplatz in einer Laube … Nur sollte man diese Veränderungen behutsam vornehmen und lieber einmal länger überlegen, als mit überstürzten Handlungen zu viel an gewachsenen Strukturen kaputtzumachen.

Wenn der Garten aber nun bereits angelegt ist und im Großen und Ganzen so bleiben soll wie er ist, dann gibt es die Möglichkeit, nur einen kleinen Teilbereich in den gewünschten Planetengarten umzugestalten. Es reichen dabei ein paar Quadratmeter aus. So wäre es auch möglich, öfter das Planetenprinzip zu wechseln. Zum Beispiel könnte man jedes Jahr ein anderes wählen und dabei entweder den jeweiligen Jahresregenten darstellen, oder man legt das eigene Solarhoroskop der Planung zugrunde, ermittelt den dominanten Planeten und widmet ihm diese »Planetennische«.

Wenn mehrere Personen mit unterschiedlichen Planetendominanzen den Garten bewohnen, kann jeder seine eigene kleine Planetennische bekommen. So zum Beispiel geschah es bei einer Planung für einen großen Garten in Morsum an der Weser. Auf diesem Grundstück mit vielen unterschiedlichen, bereits gestalteten Bereichen sollten zwei davon in Planetennischen umgeplant werden. Die Gartenbesitzerin hatte sich für sich und ihre Familie die Prinzipien Mond und Saturn ausgesucht (in diesem Fall ist keine Bestimmung der dominanten Planeten vorgenommen worden). Die zur Verfügung stehenden Teilbereiche waren die hintere, etwas schattige Terrasse, die von der Küche aus zu erreichen ist, und eine ziemlich dicht gewachsene gemischte Strauchpflanzung, ebenfalls im hinteren Bereich des Gartens.

Die Terrasse, die etwa einen halben Meter höher liegt als das sich anschließende Gelände, sollte nach dem Saturnprinzip neu gestaltet und umgebaut werden. Bisher besteht sie aus unregelmäßigen, wackeligen Sandsteinplatten, zwei Treppchen mit ebenso wackeligen Stufen aus Naturstein führen in den Garten hinunter. Zunächst gelangt man auf eine weitere kleine Terrasse, die aus den gleichen Platten gebaut ist wie die obere, und an diese schließen sich Staudenbeete und Rasen an.

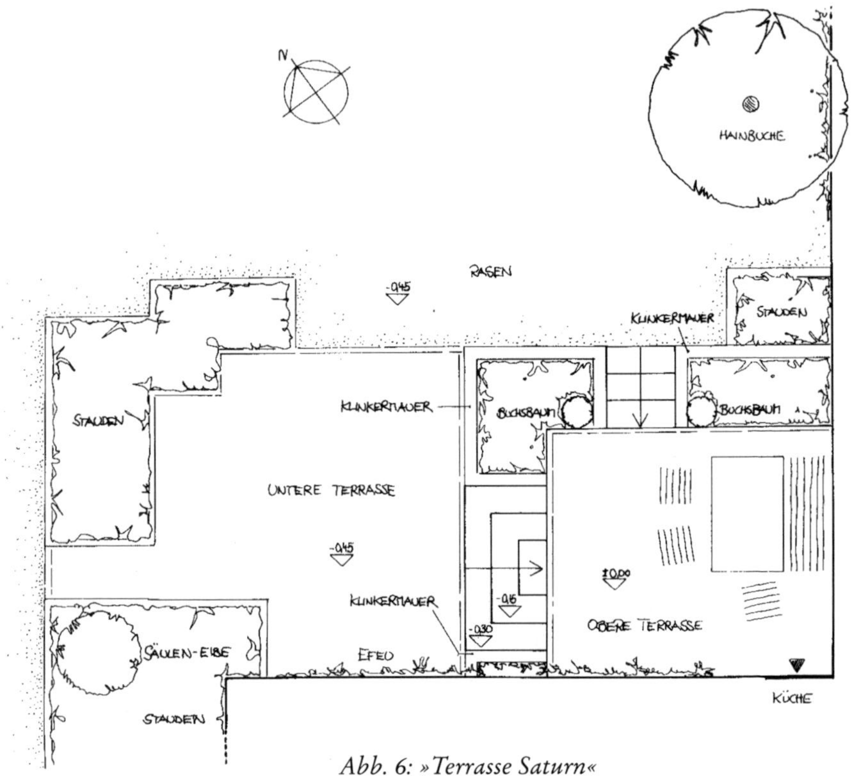

Abb. 6: »Terrasse Saturn«

Gemäß dem Saturnprinzip bekamen die Terrassen bei der Planung beide einen quadratischen bzw. rechtwinkeligen Grundriss. Für den Belag wählten wir blauroten Pflasterklinker, für die vorhandenen Sandsteinplatten sollte an anderer Stelle Verwendung gefunden werden. Beide Treppchen würden aus dem gleichen Klinker gemauert, und um den Höhenunterschied zwischen oberer Terrasse und unterem Geländeniveau aufzufangen, sollten ebenfalls Klinkermauern gebaut werden. Dabei entstünden rechtwinkelige Beete an der oberen Terrasse auf gleichem Niveau. Die an die untere Terrasse angrenzenden Beete würden ebenfalls rechtwinkelig angelegt und zum Rasen hin bekämen sie eine Einfassung bzw. eine Rasenkante. In den Beeten stünden dann *Christrosen (Helleborus niger)* und *Funkien (Hosta-Arten)*, *Glanzschildfarn (Polystichum aculeatum)* und *Breitblattsegge (Carex plantaginea)* sowie *Oktobersteinbrech (Saxifraga fortunei)* und *Porzellanblümchen (Saxifraga umbrosa).* An einem gepflasterten Übergang zur Rasenfläche planten wir eine *Säulen-Eibe (Taxus baccata ‹Fastigiata›)* und rechts und links von den Stufen sollten jeweils zwei *Buchsbaumkugeln (Buxus sempervirens var. arborescens)* gepflanzt werden. Die Stühle, die um den einfachen, rechteckigen Tisch herum stehen, bekämen einen dunkelblauen Anstrich und auf den Tisch könnte man eine weiß-blau karierte Decke legen. Eine angrenzende Hauswand ließen wir mit immergrünem *Efeu (Hedera helix)* bewachsen, der später dicht besetzt wäre mit blauschwarzen, kugeligen Früchten.

In der verwunschenen Strauchpflanzung an der hinteren Grenze des Gartens gibt es eine Grotte, deren Wände aus Feldsteinen ca. 1,20 m hoch sind. Hier sollte die Mondnische entstehen. Also planten wir, einen Teil der vorhandenen, überwiegend vergreisten Sträucher zu roden und stattdessen *Duftjasmin (Philadelphus virginalis)*, *Schneeball (Viburnum opulus ‹Sterile›)* und *Schneebeere (Symphoricarpus albus var. laevigatus)* zu setzen. Dabei würde ein kleiner Pfad freigelassen werden, der im Bogen zu der Grotte führte und mit hellem Weserkies bedeckt wäre. Das Mäuerchen der Grotte würde mit *Pfeifenblume (Aristolochia macrophylla)* und einer *Clematis (Clematis Hybride ‹Silver Moon›)* bepflanzt. In die Mitte der Grotte, deren Boden ebenfalls mit Kies bedeckt wäre, könnte man eine alte Pflanzschale mit einem Durchmesser von etwa einem Meter in den Boden einlassen, den Ablauf mit einem Korken verschließen und das Gefäß mit Wasser füllen; so entstünde ein runder Spiegelteich. Unter den Sträuchern pflanzte man blau und weiß blühende *Glockenblumen (Campanula lactiflora var. macrantha)* und *weiße Herzblumen (Dicentra formosa ‹Alba›).* Außerdem blühte jetzt hier das *Kaukasusvergissmeinicht (Brunnera*

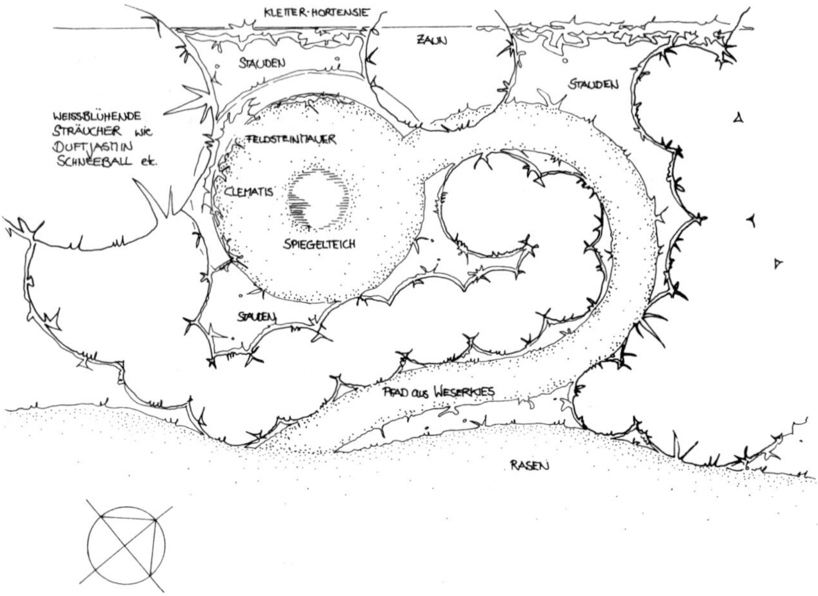

Abb. 7: »Mondgrotte«

macrophylla) und weiße *Elfenblumen (Epimedium x youngianum ‹Niveum›).* In die Zweige der Sträucher hängten wir ein kleines Klangspiel, das bei Wind leise, silberhelle Töne von sich gäbe.

Wenn ein Paar einen astrologischen Garten anlegen möchte, wäre eine andere Möglichkeit, statt zwei Nischen mit dem jeweiligen dominanten Planeten einzurichten, das Composit der beiden zu erstellen, daraus den dominanten Planeten zu errechnen und diesen dann im Garten darzustellen. In einem Composit werden die Daten beider Personen zusammen berechnet, sodass ein Partnerschaftshoroskop entsteht, welches sowohl Aufschluss über Stärken und Aufgaben in der Beziehung als auch über mögliche Problemfelder gibt (Adressen für Composite siehe Anhang).

Möchte ein Betrieb oder eine Firma ihre »Grünanlagen« zu einem astrologischen Garten umwandeln, könnte man das Gründungshoroskop erstellen und als Grundlage für die Gartengestaltung verwenden. Für die Berechnung eines Gründungshoroskopes braucht man die genaue Zeit und den Ort der Gewerbeanmeldung, ansonsten wird ein solches Horoskop genau wie das Geburtshoroskop einer Person erstellt; letztendlich handelt es sich ja auch um eine »Geburt«.

Und weiter könnten die unterschiedlichen Bereiche eines Grundstückes entsprechend der Anforderungen an sie nach verschiedenen Prinzipien gestaltet werden. Möchte man zum Beispiel eine große Terrasse haben, weil man gerne Gäste einlädt, um mit ihnen bei einem Glas Wein Neuigkeiten auszutauschen oder über gesellschaftliche und politische Themen zu diskutieren, dann bietet es sich an, der Terrasse Merkurqualität zu geben. Ein geschützter Sitzplatz, auf den man sich allein zurückzieht und wo man seine Ruhe haben möchte, könnte besser im »Mond- oder Neptunstil« angelegt werden.

Der Planetenpark – eine Einweihung

Es ist ein wunderschöner Frühlingsmorgen Anfang Mai. Die Sonne geht an einem klaren Himmel auf, Vögel singen und das Gras der Wiesen ist mit Tau benetzt. Nach einer traumlosen Nacht fühle ich mich ausgeruht und erfrischt. Ich habe den ganzen Tag frei und beschließe, einen langen Spaziergang zu machen. Es gibt in der Nähe meines Hauses einen Feld- und Wiesenweg, den ich noch nicht kenne. Über den Rasen hinter dem Haus gehe ich zu dem Weg hinunter. Die Sonne steigt schnell höher und beginnt, meine Haut zu wärmen. Der Tau erfrischt meine bloßen Füße und der Rasen fühlt sich unter meinen Schritten angenehm weich und federnd an.

Der Sandweg schlängelt sich durch die angrenzenden Wiesen. Die Landschaft ist leicht hügelig und ab und zu wechseln kleine Waldstücke die Wiesen, Weiden und Äcker ab. Es ist ein fruchtbares und liebliches Stück Erde, durch das ich wandere. Durch die Bewegung wird mir wohlig warm und mein Kopf leicht und frei von Gedanken.

Nach einiger Zeit gelange ich an einen kleinen Bach, der über vom Wasser rund geschliffenen Steinen dahinplätschert. Eine Weile gehe ich an seinem Ufer entlang, bis eine kleine Holzbrücke auftaucht, auf der ich ihn überquere. Dahinter führt mich der Weg ein Stückchen durch duftenden Frühlingswald, bevor er mich wieder aufs offene Feld lenkt. Als ich aus dem Wald heraustrete, bemerke ich in einiger Entfernung eine Hecke, hinter der hohe Bäume und Sträucher aufragen. Meine Neugierde ist geweckt; ich möchte wissen, was genau sich hinter dieser Hecke verbirgt. Also laufe ich quer über eine Wiese und einen Acker, um zu dem – wie ich vermute – Garten zu gelangen. Schließlich muss ich noch ein ganzes Stück an der Hecke entlanglaufen, bis ich ein Tor finde. Die dichten, hohen Eiben geben mir nirgendwo die Möglichkeit, in den Garten hineinzuspähen.

Dann, endlich, stehe ich vor einem großen, schmiedeeisernen Tor. Die Pfeiler sind aus rohem, roten Stein gemauert. Die eisernen Torflügel sind nicht besonders sorgfältig gearbeitet, es gibt viele scharfe Ecken und Kanten. Sie sind sehr schwer. Ich brauche einige Kraft, um einen Flügel so weit aufzudrücken, dass ein kleiner Spalt entsteht, durch den ich hindurchschlüpfen kann. Als ich das Tor hinter mir gelassen habe, bleibe ich erst einmal stehen und sehe mich um.

Ich stehe in einem Garten, der vollständig von einer hohen, undurchdringlichen Eibenhecke eingefasst ist, der aber nur ein Teil von dem gesamten umfriedeten Bereich sein kann, den ich von außen gesehen habe und der viel größer sein muss. Der Teil, in dem ich nun stehe, wird von zwei mächtigen Eichen beherrscht. Sie strecken trutzig ihre knorrigen Äste in die Luft und überragen den gesamten Garten. Es gibt Wege aus rotem Stein, die wie die Torpfeiler eckig und uneben sind, und ich muss aufpassen, dass ich beim Laufen nicht umknicke.

Alle Wege sind gerade, sie führen immer direkt zum Ziel, ohne Umwege oder Schnörkel. Soweit ich es überblicken kann, führt in diesem Garten ein etwas breiterer Hauptweg zur Mitte, während kleinere Pfade am Rande des Gartens entlanglaufen. Ich entschließe mich, zunächst einen kleinen Weg auszuprobieren, wende mich nach rechts und gehe auf einem der schmalen, unebenen Wege entlang. Unter meinen Fußsohlen spüre ich die kantigen Steine.

Rechts und links von dem Pfad gibt es Beete. Die Pflanzen, die hier wachsen, haben alle rote oder orangefarbene Blüten, die in der Sonne leuchten. Es gibt auch einige mit roten oder orangen Beeren oder anderen Früchten in diesen Farben. Viele der Sträucher sind bedornt oder haben Stacheln. Ich muss Acht geben, dass ich mich nicht an denen steche, die über den Weg hinausragen. Es sind auch einige darunter, deren Laub hellrot oder blaurot gefärbt ist.

Der kleine Weg erweitert sich zu einem Platz. Auf diesem Platz steht eine Skulptur aus rostigem Metall. Sie sieht ein bisschen aus wie eine Maschine, es gibt Zahnräder und Ketten, Wellen und Kurbeln. Auf der anderen Seite des Platzes führt der Weg weiter durch Beete mit rot blühenden Pflanzen. Ich sehe knallrote Wildtulpen und die dunkelroten Blüten der bedornten Zierquitte.

Dann komme ich zu einem zweiten kleinen Platz. Hier steht wieder eine Skulptur, diese ist gefertigt aus Baustahlmatten. Es ist ein ziemlich wildes Kunstwerk, ungezähmt und eigenwillig sieht es aus.

Plötzlich bemerke ich, dass sich der eben noch klare Himmel mit dunklen, drohend aufragenden Wolken bezogen hat. Schon fallen die ersten Regentropfen und ein mächtiges Gewitter geht nieder. Ich versuche, so gut es geht, unter einem großen Strauch Schutz zu finden. Zum Glück verzieht sich das Unwetter ebenso schnell wie es aufgezogen ist.

Schließlich trifft der kleine Pfad auf den breiten Hauptweg, den ich beim Betreten des Gartens schon gesehen hatte. Ich biege auf diesen Weg ab, der mich zu einem großen Platz, der ungefähr in der Mitte des Gartens liegt, führt. Auch dieser breite Weg ist etwas unachtsam gearbeitet, hat scharfe Ecken und Kanten und hier und da fehlt ein Stein. Als ich auf dem Platz ankomme, sehe ich, dass es hier eine große Feuerstelle gibt. Auf ihr flackert ein wildes, großes Lagerfeuer. Um das Feuer herum liegen rohe, unbehauene Baumstämme, die als Sitzgelegenheit dienen.

Ich setze mich auf einen von ihnen und blicke in das Feuer. Unter meinen Händen, die ich auf den Baumstamm gelegt habe, spüre ich seine raue Rinde. Ich schaue eine ganze Weile in die gelben Flammen und auch in die orangerote Glut im Inneren des Feuers und spüre seine Hitze auf meinem Gesicht.

Plötzlich schrecke ich hoch. Es ist noch jemand mit mir am Feuer, den ich zuerst nicht bemerkt habe. Es ist Mars. Er sieht genauso aus, wie ich mir Mars immer vorgestellt habe: groß und stark, dichtes, drahtiges rotes Haar steht wild von seinem Kopf ab. Seine Augen blitzen vor Energie, alles an ihm scheint ständig in Bewegung zu sein. Er springt hinter mich und legt mir seine Hände auf die Augen. Unmittelbar finde ich mich ohne Sattel auf einem großen, wendigen Rotfuchs sitzend wieder. In wildem Galopp geht es durch eine Art Steppe. Ab und zu ragen schroffe Felsen aus der Ebene, denen mein Pferd jedoch sicher ausweicht. Ich genieße den Ritt, der viel zu schnell vorbei ist, als Mars seine Hände wieder von meinen Augen nimmt. Mit einem wilden Lachen setzt er über das Feuer ... und ist verschwunden. Ein bisschen schwindelig von seiner Schnelligkeit bleibe ich zurück.

Noch am Feuer sitzend hatte ich ein weiteres Tor entdeckt, das aus diesem Gartenteil hinausführt. Es ist ein einfaches Holztor, braunrot gestrichen, und es steht offen.

Ich gehe hindurch und befinde mich in einem formal angelegten, quadratischen Garten, der genau wie der erste ganz von einer hohen Eibenhecke umgeben ist. Gleich hier am Eingang stehen rechts und links vom Weg zwei große blühende Apfelbäume. In ihren Kronen summen unzählige Bienen und Hummeln, die ihren Nektar sammeln. Die Erde dampft noch von dem eben niedergegangenen Regen und verströmt ihren typischen Duft. Sonst merkt man nichts mehr von dem Gewitter; die Sonne ist mittlerweile etwas höher gestiegen, die Luft ist warm und die unter den Obstbäumen blühenden Maiglöckchen duften betörend.

Ich sehe mich um und entdecke, dass ein Weg innen an der Hecke entlangläuft, einmal um den ganzen Garten herum. Vier Stichwege verbinden diesen mit einem Weg in der Mitte, der ein kreisrundes Beet umrundet. Ich gehe auf dem einen der Stichwege zwischen den Apfelbäumen hindurch, in die Mitte zu dem runden Beet. Dieses und auch die Beete rechts und links vom Weg sind mit kleinen, geschnittenen Buchsbaumhecken eingefasst.

Der Weg besteht aus Rindenmulch und Holzschnitzeln und federt bei jedem Schritt. Das Mittelbeet ist durch zwei sich kreuzende Buchsbaumhecken in vier Viertel unterteilt. Der es umrundende Weg ist sehr sorgfältig aus braunroten Pflastersteinen angelegt. In den vier Teilen des Beetes wachsen Duftstauden, die die ganze Luft mit ihren Wohlgerüchen schwängern. Ich sehe und rieche Narzissen und Duftveilchen und ich nehme die verschiedenen Düfte mit tiefen Atemzügen in mich auf, bis ich mich ganz erfüllt davon fühle.

Auf dem Pflasterweg gehe ich einmal um das Mittelbeet herum. In einem der angrenzenden Beete erkenne ich viele verschiedene Gewürzkräuter. Es gibt Salbei und Petersilie, Thymian und Bohnenkraut, Schnittlauch, Dill und Rosmarin. In einem anderen Beet wachsen unterschiedliche Heilkräuter wie Pfefferminze und Baldrian, Johanniskraut und Beinwell, Fingerhut, Frauenmantel und Schafgarbe.

Als ich mich einmal bücke, um an einer niedrigen Pflanze zu riechen, sehe ich dicht vor mir eine dicke Erdkröte in ihrem Erdloch sitzen. Ich verharre ganz still, um sie zu beobachten. Sie schaut mich aus ihren gelbbraunen Augen an, als wolle sie mir etwas sagen.

Schließlich schlage ich einen anderen der Stichwege ein. An seinem Ende vor der Hecke biege ich auf den äußeren Weg ab. Während ich so langsam den Garten erkunde, wird mir bewusst, wie symmetrisch und rechtwinkelig er angelegt ist.

Ich gelange in eine der Ecken des Gartens. Sie ist mit einer Pergola aus laubgrün gestrichenem Holz vom übrigen Garten abgetrennt. Die Pergola ist berankt mit Hopfen und Echtem Wein. Im Sommer wird es ein Genuss sein, von den süßen Trauben zu naschen!

Der kleine Platz hinter der Pergola liegt etwas tiefer als der übrige Garten. Eine Rasenbank lädt zum Verweilen ein. Ich lasse mich auf ihr nieder. Sie ist sehr bequem und von der Sonne gewärmt. Hinter der Pergola sehe ich jetzt noch verschiedene Beerensträucher stehen: Es gibt Johannisbeeren und Stachelbeeren, Heidelbeeren und Himbeeren und auf dem Boden darunter wachsen Erdbeeren.

Dann sehe ich mit einem Mal eine Person unter der Pergola stehen. Es ist Gaia, die Erdgöttin, eine etwas kräftige Frau mit runden Formen und langen, dichten, dunkelbraunen Haaren. Sie wirkt sehr geerdet, heiter und in sich selbst ruhend. Freundlich lächelt sie mir zu, übergibt mir einen Schlüssel und zeigt in die Richtung, die ich einschlagen soll.

Weiterschlendernd gelange ich zu einem Beet, in dem noch nichts angepflanzt ist. Es liegt neben einem kleinen Schuppen, dessen Tür ich mit dem Schlüssel von Gaia öffnen kann. Auf einem kleinen Tischchen liegen hier ordentlich aufgereiht verschiedene Gärtnerutensilien.

Eine Harke, ein Pflanzstock, eine Gießkanne und mehrere kleine Tüten, die Sämereien enthalten. Neben dem Schuppen steht eine Tonne mit Regenwasser. Ich nehme die Harke und glätte damit die Erde in dem Beet. Mehrfach gehe ich mit der Harke über den Boden, bis er feinkrümelig und ganz eben ist. Mit dem Pflanzstock ziehe ich dann eine gerade, ca. 1 cm tiefe Rille in den Boden. Aus den Samentüten nehme ich die mit der Petersilie und streue vorsichtig die Samen in die Rille, sodass sie möglichst gleichmäßig verteilt sind. Dann schiebe ich mit der Hand etwas Erde über die Samen und drücke sie vorsichtig fest. Als ich mit all dem fertig bin, nehme ich die Gießkanne, schöpfe Wasser aus der Regentonne und begieße meine Pflanzarbeit. Und dann suche ich mir noch einen kleinen Zweig, den ich zum Markieren an den Anfang der Pflanzrille stecke.

Nach einer kleinen Verschnaufpause auf der dunkelgrünen

Bank an der Schuppenwand, während der ich zufrieden und erfüllt auf das Saatbeet schaue, gehe ich auf dem Weg entlang der Hecke weiter, bis in die nächste Ecke des Gartens. Sie ist wie die vorherige gestaltet: Eine Pergola, bewachsen mit Hopfen und Wein, bietet Schutz und eine bequeme Rasenbank lädt zum Sitzen ein. Auch hier sitze ich ein Weilchen und ruhe mich aus. Genau vor mir auf dem Boden verläuft eine Ameisenstraße, und ich beobachte die vielen emsigen Ameisen, die Dinge hin- und hertransportieren oder ohne etwas eilig daherlaufen.

Ich verlasse diesen zweiten Gartenteil durch einen Durchgang in der Eibenhecke. Langsam wird mir klar, dass der gesamte Garten, den ich von außen gesehen habe, mittels der Eibenhecke in viele kleine Gartenabschnitte unterteilt ist. Der Durchgang, der mich in den nächsten dieser Abschnitte führt, ist mit einer hölzernen Pergola eingefasst. Die Pergola ist überwachsen mit dem sich in den Himmel reckenden Blauregen. Die blauen Blütentrauben hängen herab und sind umschwärmt von unzähligen Bienen und Hummeln.

Von diesem Eingang aus in den Garten hinein führt ein breiter Weg aus hellgrauem Betonpflaster.

Auf ihm laufe ich den Garten hinein, wo mir als Erstes eine große Ulme auffällt, deren Blätter sich leise im Wind bewegen. In ihren unteren Zweigen hängen mehrere Windklangspiele, die zusammen eine fröhliche Musik ertönen lassen. Unter dem Baum ist der Boden bedeckt mit hellblau und gelb blühenden Stauden und Zwiebelpflanzen.

Ein gelber Sandweg führt im Bogen durch ein angrenzendes Beet. Es wachsen hier Stauden mit graufilzigem Laub und hellgelben Blüten, auch hellblau blühende Pflanzen sind vorhanden. Um die Blumen herum flattern unzählige Falter und Schmetterlinge. Aus den Staudenflächen wachsen einige Sommerfliedersträucher heraus. Ihre Blütenkerzen sind weiß, hellblau und etwas dunkler blau und auch auf ihnen sitzen die unterschiedlichsten Falter, Schmetterlinge und Hummeln.

Mein Weg führt mich zu einer kleinen, aus Holzdielen gebauten Bühne, vor der einige Reihen Holzbänke für ein Publikum stehen. Ich stelle mir vor, dass Musiker auf dieser Bühne sitzen und an einem lauen Sommerabend Musik machen. In ihren Pausen trägt jemand Gedichte oder Erzählungen vor. Es ist sehr anregend und die Zuschauenden lachen und reden miteinander.

Weiter dem gelbem Sandweg folgend komme ich auf einen fünfeckigen Platz. Spielgeräte stehen hier, eine Schaukel, eine Rutsche und eine Wippe. Ich setze mich auf die Schaukel und stoße mich mit den Füßen ab. Mit dem ganzen Körper hole ich dann Schwung, bis ich immer höher und höher durch die Luft schaukle. Ich schaue in den hellblauen Himmel, über den weiße Wölkchen segeln, spüre den Wind auf meinem Gesicht und in meinen Haaren, und freue mich über die Bewegung.

Während ich auf einem anderen Weg weiter durch den Garten laufe, fällt mir auf, wie vielgestaltig er angelegt ist. Die Wege sind aus verschiedenen Materialien und haben unterschiedliche Breiten und Verläufe. Es gibt keine Symmetrie in diesem Garten. Auch bei den Pflanzbeeten wiederholt sich nichts, es kommen immer andere Pflanzen und Pflanzenkombinationen vor. Es gibt die unterschiedlichsten Bänke in verschiedenen Farben. Und auch die Topographie verändert sich: Die Pflanzflächen, durch die mich mein Weg bisher geführt hat, sind eben, am Ende aber erreiche ich einen bepflanzten Hügel. Ich laufe um ihn herum und komme so zu einem kleinen runden Platz. Bänke stehen hier im Halbrund. Im Gebüsch dahinter singen mehrere Amseln und andere Singvögel. Ich setze mich auf eine der Bänke und lausche ihrem Gesang. Die Sonne scheint mir angenehm warm ins Gesicht.

Bald aber treibt die Neugierde mich weiter und viele verschieden gestaltete Wege mit vielen Abzweigungen und Biegungen bringen mich schließlich zu einem Holzhaus mit einer vorgebauten Veranda. Die Fensterrahmen sind taubenblau gestrichen, ein Schaukelstuhl steht auf der Veranda in der gleichen Farbe.

Die Tür ist offen. Ich gehe ein paar Holzstufen hinauf und trete ein. Der einzige Raum im Inneren ist sehr geräumig und durch die vielen Fenster sehr hell. Es gibt Regale voll mit Büchern, Bilder und Fotos hängen an den Wänden. Ein runder Holztisch steht in der Mitte des Raumes. Jemand sitzt dort, und als ich näher herantrete, schaut er auf und sieht mich an. Es ist Merkur. Er hat ein schmales Gesicht, das von hellblonden Locken eingerahmt ist. Seine hellen Augen schauen neugierig und sein Blick wandert etwas unstet hin und her. Auch der schlaksige Körper kann offensichtlich nur schwer stillhalten, er zappelt auf seinem Stuhl herum, springt auf, um sich gleich darauf wieder hinzusetzen. Sofort verwickelt er mich in ein Gespräch, währenddessen er mir alle seine Lieblingsbücher vorstellt, diverse Musik vorspielt und aus Bildbänden Gemälde heraussucht, die ich »unbedingt sehen muss«. Wir reden und reden und reden … Bald schwirrt mir ein wenig der Kopf von all diesen neuen Informationen und ich verabschiede mich von Merkur. Noch während ich mich zur Tür bewege, ist er bereits mit etwas anderem beschäftigt.

Nach der Begegnung mit Merkur wandere ich in den nächsten Gartenabschnitt. Das Tor zu diesem Teil ist kein gewöhnliches Gartentor, es scheint zu leuchten und zu schillern. Die runden Pfeiler sind mit kleinen, perlmutt schimmernden Kacheln verkleidet. Sie sind zum Teil überwachsen mit Kletter-Hortensien und weiß und blau blühende Clematis umschlingen sie mit ihren zarten Ranken. In den Torflügeln sind viele kleine, runde Spiegel eingelassen, die die Farben und das Licht der Umgebung reflektieren.

Ich öffne eine Seite des Tores und trete hindurch. Staunend halte ich inne und sehe mich um. Ich befinde mich in einem verwunschen anmutenden Garten mit verschlungenen, eingewachsenen Pfaden. Nahe am Eingang stehen neun Kirschbäume. An einem der unteren Zweige hängt ein kleines, silberfarbenes Klangspiel, das leicht im Wind hin- und herschwingt und eine bezaubernde Melodie ertönen lässt. Unter den Kirschbäumen wachsen weiß und blau blühende Schattengewächse und in den Beeten, zwischen den Pflanzen und von ihnen teilweise verdeckt, steht eine Skulptur aus weißem, wächsern wirkendem Marmor. Sie hat runde und fließende Formen.

Nach einer Weile des Schauens und Bewunderns beschließe ich weiterzugehen. Der Weg, der in den Garten hineinführt, ist ein schmaler Rasenpfad. Weich und einladend spüre ich das Gras unter meinen Füßen und Erinnerungen an längs vergangene Kinderspaziergänge tauchen in meinen Gedanken auf. Der Pfad führt zwischen hohen Büschen und Sträuchern hindurch. Er ist in seiner ganzen Länge gebogen, sodass ich immer nur ein kleines Stück des Weges überblicken kann.

Ich laufe eine ganze Weile auf diesem Rasenpfad. Die Biegungen werden immer enger und enger und bald wird deutlich, dass der Weg eine Spirale bildet. Immer weiter dreht sich der Weg, immer gegen den Uhrzeigersinn, und ihm folgend, nähere ich mich dem Mittelpunkt der Spirale. Dieses linksherum Laufen lässt mich ruhiger werden, es ist wie eine Reise nach innen, wie eine Meditation oder ein Gebet. Nach einer letzten Biegung stehe ich im Zentrum der Spirale.

In der Mitte gibt es einen kleinen kreisrunden Teich. Das Wasser steht ganz still und der mittlerweile etwas verhangene Himmel spiegelt sich in ihm. An seinen Ufern steht hohes Chinaschilf. Die langen Halme bewegen sich leicht in dem kaum spürbaren Wind. Es gibt einen großen, weißen, flachen Stein dicht am Ufer, auf dem ich mich niederlasse. An dieser Stelle bildet das Schilf eine kleine Nische, sodass man ungestört und unbeobachtet sitzen kann, um ein bisschen zu verweilen und auf die glatte Wasseroberfläche zu schauen. Das Wasser ist wie ein Spiegel. Die Luft ist ein wenig diesig, ein ganz feiner Nebel legt sich auf meine Wangen. Er vermischt sich mit den salzigen Tränen, die mir ohne Vorankündigung mit einem Mal über das

Gesicht laufen; etwas in diesem Garten hat mich sehr angerührt. Ich lasse meine Gedanken schweifen, während ich auf das Wasser blicke. Es ist sehr still hier.

Auf einmal nehme ich eine Bewegung auf der anderen Seite des Teiches wahr. Eine Frau ist dort am Ufer. Es ist Selene, die Mondgöttin. Ihre zierliche Gestalt wird von einem silberweißen mit dunkelblauen Stickereien verzierten Schleier verhüllt. Mit dunklen, sehr großen Augen blickt sie ein wenig verhangen darunter hervor. Sie kommt langsam um den Teich herum zu mir, fast kommt es mir vor, als schwebe sie. In ihrer linken Hand hält sie das wunderschön gebogene Horn einer Kuh, welches im dämmrigen Licht silbern schimmert. Sie überreicht es mir als Geschenk. Dann wischt sie mir mit einem weichen Tuch die Tränen vom Gesicht und mit einem melancholischen Lächeln auf den Lippen entschwindet sie in den Nebeln über dem Teich. Geborgen wie in einem Nest versinke ich in Tagträume, aus denen ich etwas später erfrischt und gestärkt »erwache«.

Aus dem dämmrigen Garten der Mondgöttin gelange ich durch ein Tor aus über und über blühenden, dunkelgelb leuchtenden Kletterrosen in den nächsten. Es ist wunderschön hier drinnen, licht und hell. Alles ist von einer goldenen Aura umgeben und ich blicke mich beeindruckt um. Mittlerweile hat die Sonne ihren höchsten Stand erreicht und Vögel zwitschern vereinzelt in der Mittagshitze in dem großen Baum, der in der Mitte des Gartens wächst. Es ist eine Esche, die ihr hellgrünes Laub weit über den Garten ausstreckt.

Ein breiter Weg aus ockergelbem Stein führt von dem Eingang zur Esche in der Mitte des Gartens. Dort angekommen sehe ich, dass sie auf einem großen, runden Platz steht. Der Belag des Weges ist gelber Granit, und wie eine Intarsienarbeit eingelassen ist ein großer, achtspitziger Stern. In jeder Sternspitze ist mit Mosaiksteinchen ein Symbol verlegt, und als ich sie genauer anschaue, sehe ich, dass sie für die acht Sonnenfeste im Jahr stehen.

Das Lamm auf der ersten Spitze symbolisiert die Frühlings-Tag-und-Nachtgleiche am 21. März; zu diesem Zeitpunkt im Jahr sind der Tag und die Nacht gleich lang.

Der Maibaum auf der zweiten Spitze steht für Walpurgis, die Nacht zum 1. Mai und Frühlingsfest, an dem die Felder gesegnet werden.

Die dritte Spitze symbolisiert die Sommersonnenwende. Die Sonne hat am 21. Juni ihren höchsten Stand erreicht und ab nun werden die Tage wieder kürzer. Das Symbol hierfür ist die Sonne selbst.

Auf der nächste Spitze entdecke ich eine Sichel. Sie versinnbildlicht das Erntedankfest. Am ersten Tag des Augustes bringt man Opfer dar für eine hoffentlich reich ausfallende Ernte.

Danach kommt die Herbst-Tag-und-Nachtgleiche am 23. September. Der Abstieg der Sonne ist zur Hälfte vollbracht. Eine Garbe ist das entsprechende Symbol, denn es ist die Zeit der Ernte.

Die sechste Spitze ist mit der Abbildung einer Maske verziert. Es ist Allerseelen, die Nacht zum 1. November, in der die toten Ahninnen und Ahnen geehrt werden.

Zur Wintersonnenwende gehört die Mistel. Um Weihnachten herum, am 21. Dezember, hat die Sonne ihren tiefsten Stand erreicht, ab jetzt werden die Tage wieder länger.

Auf der letzten Spitze im Kreis sehe ich eine Flamme. Sie steht für Lichtmess, die Nacht zum 1. Februar. Hier wird das wiederkehrende Licht gefeiert, denn die Tage sind schon spürbar länger geworden.

Um den Eschenstamm herum gibt es eine vergoldete Bank, verschnörkelt und verspielt gearbeitet. Ich setze mich auf sie und blicke in das mächtige Kronendach der Esche hinauf. Die Sonne funkelt durch die Blätter und es ist so licht und hell dort oben, dass ich am liebsten hinaufsteigen möchte.

Da entdecke ich plötzlich eine sonnengelbe Leiter, die an den Stamm des Baumes gelehnt ist. Sie reicht bis in die Krone hinein. Ich steige auf ihr hinauf, immer höher und höher klettere ich, bis ich ganz oben in dem lichtdurchfluteten Kronendach bin. Es gibt hier einen kleinen Hochsitz, wo ich mich hinsetzen kann. Von dort schaue ich nach unten, auf den Platz, auf dem ich eben noch gesessen habe, und ich sehe, wie das Laub der Esche und die Sonne kleine Lichtflecken auf dem Boden tanzen lassen.

Plötzlich nehme ich eine Bewegung neben mir wahr. Helios, der Sonnengott, sitzt neben mir auf dem Hochsitz. Er hat eine muskulöse, mittelgroße Gestalt, eine blonde Löwenmähne und katzenhafte, lässige Bewegungen. In einen purpurroten Samtmantel gekleidet, sich seiner herrlichen Ausstrahlung offensichtlich bewusst, heißt er mich, den Baum wieder hinunterzuklettern und auf dem kleinen Weg, der an der Hecke entlangführt, langsam einmal den Garten zu durchschreiten.

Dieser Pfad bringt mich durch üppig blühende Rabatten. Ich bewundere die vielen, in allen nur denkbaren Gelbtönen blühenden Pflanzen. Es gibt hellgelbe Blüten, zitronengelbe, dottergelbe, dunkelgelbe bis hin zu orangegelben Blüten in den unterschiedlichsten Formen. Sie alle leuchten hell in der Sonne.

Während ich so auf dem Pfad entlangwandle, verändern sich, langsam und fließend, die Jahreszeiten. Es ist, als könnte ich bei diesem kurzen Gang das ganze Jahr erleben. Zuerst bin ich im Frühling. Auf den Beeten blühen die ersten Frühlingsblumen, die ersten Krokusse, Narzissen und gelber Gemswurz. Es liegt dieses Drängen in der Luft, das dem Frühling zu eigen ist.

Alles will wachsen und gedeihen. Zitronenfalter gaukeln durch die Luft. Die Sträucher entfalten ihre Blätter und auch bei ihnen blühen die Frühjahrsblüher, wie Forsythien, der Ranunkelstrauch mit seinen kugeligen, dottergelben Blütenbällchen und Ginster mit sattgelben Schmetterlingsblüten.

Langsam wird es immer wärmer und dann ist der Sommer da.

Die Vögel sind in der Mittagshitze verstummt, stattdessen erfüllt das Zirpen der Grillen die Luft. Eine Katze liegt schläfrig mitten auf dem Weg und sonnt sich. Auf den Beeten blühen Sommerblumen. Ich sehe die Strahlenblüten von Sonnenbraut und Mädchenauge und die großen, wie kleine Sonnen anmutenden Blüten der Sonnenblumen.

Der Herbst kommt. Noch ist die Luft weich von der Fülle und Wärme des vergangenen Sommers, aber ich spüre schon, wie sie kühler und frischer wird. Ein leichter Nebel liegt über den Beeten, Nebel und von Tautropfen behangene Spinnenweben. Herbstastern und Sonnenhut, Goldrute und Kaiserkronen bilden jetzt sattgelbe Farbtupfer neben dem orangebraunen und roten Herbstlaub der Sträucher. An einer Stelle entdecke ich einen orange leuchtenden Kürbis, der auf dem Boden liegt.

Ich gehe weiter auf meinem Weg und jetzt beginnt es, nach Winter zu riechen. Das Licht wird klarer und härter. Die Luft fühlt sich frostig an auf meinen Wangen. Schnee bedeckt den Weg und die Beete, doch immer noch entdecke ich gelbe Blüten durch den Schnee leuchten. Es sind der echte, gelbe Jasmin und die Lichtmesszaubernuss, die jetzt blühen. Auch die Winterlinge strecken ihre kleinen, gelben, kugeligen Blüten durch den Schnee. Hoch oben am Himmel kreist ein Raubvogel auf der Suche nach Nahrung in der Luft.

Während ich weiter dem Pfad folge, wird es wieder wärmer; der Schnee schmilzt zu kleinen Bächen, die durch den Garten rinnen. Es ist erneut Frühling, und ich bin zurück an meinem Ausgangspunkt, dort, wo ich auf den kleinen Pfad abgebogen bin. Ich freue mich sehr über dieses Geschenk des Helios; noch nie vorher sind mir die unterschiedlichen Erscheinungen und Energien der Jahreszeiten so bewusst gewesen wie während der gerade erlebten kleinen Zeitreise!

Während meiner Wanderung durch den Sonnengarten hatte ich einen weiteren Durchlass in der Eibenhecke entdeckt. Er führt in einen Wüstengarten, in dem es nur Felsen, Geröll und Schotter gibt. Er wirkt auf den ersten Blick wenig einladend, es gibt keine »gemütlichen«, heimeligen Ecken und keine schönen Ausblicke. Aber bald entdecke ich auf den kahlen Felsenhügeln in Ritzen und kleinsten Fugen Kakteen und Dickblattgewächse, die ihre kleinen, aber weithin leuchtenden Blüten der Sonne entgegenstrecken. Und eine kleine Quelle finde ich auf meinem Rundgang. Das Wasser quillt zwischen den Steinen hervor und sammelt sich in einem winzigen Becken, wo es direkt wieder im Boden zu versickern scheint. Als ich es mit der hohlen Hand schöpfe und probiere, schmeckt es überraschend kühl und frisch.

Fast habe ich den gesamten »Garten« durchquert, als ich zu einem Sandplatz komme. Hier gibt es eine große Sandfläche und ein Lager mit Sand, Kies und Steinen in unterschiedlichen Körnungen und Farben. Aus einem inneren Antrieb heraus beginne ich, mit dem Material ein Bild in den Sand zu streuen und zu formen. Alles wird zu einem Symbol, ohne dass ich die Bedeutung in Worte fassen könnte. Ich weiß nur, dass es etwas in mir sehr tief Verborgenes zeigt, etwas Wesentliches. Das Bild wird immer differenzierter und bald suche ich noch andere Materialien aus der Umgebung zusammen, um alles, was aus mir hervorsprudelt, darstellen zu können. Schließlich sinke ich neben meinem Bild in den Sand, erschöpft und gleichzeitig wie gereinigt. Noch lange schaue ich auf das Bild und fühle eine große Ruhe in mir. Dann verlasse ich den Sandplatz und lasse für Chiron, den Hüter dieses Gartens, eine Haarsträhne als Dank zurück.

Durch einen offenen, von weißen Kletterrosen und rosafarbener Clematis überwogten Torbogen trete ich nun in den sich anschließenden Bereich hinein, um unmittelbar verzaubert innezuhalten. Ich stehe in einem von Blüten überschäumenden Garten. Durch dieses Blütenmeer führen helle Sandwege. Direkt vor mir liegt ein Beet, in dem viele verschiedene weiß und rosa blühende Rosen und Stauden wachsen und ihren betörenden Duft verströmen.

Ich sehe die pluderigen Blüten von Nelken, Stockrosen mit ihren formvollendeten, weit offenen Blüten in weinrot und altrosa, Schleierkraut und die weißen Schalenblüten der Anemonen. Ich pflücke mir eine Blume, stecke sie mir ins Haar und gehe dann auf einem der Wege in den Garten hinein, mitten durch die üppigen Blumenrabatten.

Nach einer Weile führt der Weg über einen kleinen Platz, der mit hellem Kies bestreut ist. Am Rande des Platzes, halb von einer hellrosafarbenen Clematis überwachsen, steht eine Skulptur. Sie stellt eine Tänzerin dar, eine mit einem Schleier tanzende Frau. Sie ist wunderschön und wirkt gleichzeitig sehr anmutig leicht und doch ganz mit der Erde verbunden.

Als ich weitergehe, verjüngt sich der Weg nach einer Weile und ist schließlich nur noch ein schmaler Pfad. Die Blumenrabatten werden von einer Wiese abgelöst, über die dieser Pfad weiterverläuft. Der Boden fühlt sich ganz warm an unter meinen Fußsohlen. Während ich so gehe, lasse ich meinen Blick über die Wiese schweifen, denn sie ist ganz bedeckt von den rosafarbenen Blüten des Wiesenschaumkrauts und der Kuckuckslichtnelken. Auch Wiesenkerbel überzieht sie wie ein zarter, weißer Schleier. Wie ein rosafarbenes Meer mit weißen Schaumkronen sieht sie aus. Die Sonne scheint so warm und die Wiese sieht so einladend aus, dass ich mich für ein Weilchen ins hohe Gras lege.

Ich schaue in den blauen Himmel, über den weiße Wattewolken segeln. Der Stand der Sonne zeigt den frühen Nachmittag an, eine Lerche steht in der Luft und trällert ihr Lied. Es ist sehr friedlich auf dieser Wiese.

Schließlich stehe ich, von einer unbestimmten Sehnsucht getrieben, wieder auf und gehe weiter. Der Wiesenpfad endet vor einem Fliederhain. Ich trete hinein in den lichten Schatten der Fliederbüsche. Der Boden ist hier mit feinem, weichem Rasen bedeckt. Der üppig mit Blüten versehene Flieder erfüllt die Luft mit seinem Duft, ebenso die Maiglöckchen, die unter den Fliederbüschen wachsen.

Ich setze mich für eine Pause auf den weichen, warmen Boden, spüre das Gras unter mir und genieße den köstlichen Duft der Pflanzen.

Dabei entdecke ich ein kleines Tischchen, auf dem ein Tonkrug mit einem Getränk und ein Becher stehen. Nachdem ich etwas von dem köstlichen Nektar getrunken habe, trete ich aus dem lichten Schatten des Fliederhains wieder in den warmen Sonnenschein und laufe weiter, auf einem anderen schmalen Trampelpfad quer über die Wiese. Das Gras und die Kräuter sind teilweise so hoch, dass meine Hände durch sie hindurchstreichen.

Mitten auf der Wiese, in einiger Entfernung, stehen sechs Birken. Sie stehen im Kreis und bilden so in ihrer Mitte einen Platz, dem sie mit ihren Kronen ein lichtes Dach geben. Eine leichte Brise lässt die biegsamen Birken hin und her wiegen. Ihre Blätter tanzen in der Luft und werfen von Sonnenflecken durchbrochenen Schatten auf den Boden. Ich trete in den Birkenkreis hinein und dort höre ich plötzlich leise Musik tönen. Es sind eine arabische Flöte und Trommeln zu hören, die einen orientalischen Rhythmus spielen.

Dann sehe ich auf einmal eine Frau zwischen den Bäumen auftauchen. Es ist Aphrodite, die Göttin der Liebe und der Schönheit. Ihre hohe, schlanke Gestalt biegt sich gleich den Birken im Wind zum Takt der Musik. Ein wunderschönes, zartrosafarbenes Kostüm umschmeichelt ihren Körper, und mit Zimbeln in ihren feingliedrigen, wohlgeformten Händen lässt sie glockenhelle Töne die Musik untermalen. Sie tanzt anmutig und scheinbar mühelos und die Welt versinkt um mich herum, während ich ihrer harmonischen Choreographie meine volle Aufmerksamkeit schenke. Mit dem Verklingen der Musik entschwindet sie schließlich wieder zwischen den Stämmen der Birken. Zurück lässt sie einen ihrer zarten Schleier. Ich hebe ihn auf und lege ihn mir um die Schultern.

Noch mit ihrer Musik im Ohr verlasse ich durch ein hohes, schmiedeeisernes Tor, das in die Hecke eingelassen ist, den Garten der Aphrodite. Die Pfeiler dieses Tores bestehen aus massiven, dunklen Steinen. Oben auf ihnen liegt jeweils eine schwarze, schwere Eisenkugel. Beide Pfeiler sind halb überwuchert von Schlingknöterich, der teilweise sogar schon die Torflügel überwachsen hat.

Das Tor ist verschlossen. Ich lehne mich gegen den einen Torflügel, um ihn aufzudrücken. Und obwohl das Tor so schwer und unbeweglich aussieht, schwingt es wie von selbst weit auf. Ein leises Quietschen ertönt dabei. Ich gehe hindurch und stehe in einem dunklen, verwucherten Garten. Er ist so eingewachsen, dass ich ihn von meinem Platz aus nicht überschauen kann. Es gibt nur einen kleinen, schmalen Pfad, der von dem Eingang wegführt.

Ich laufe auf diesem Weg in den Garten hinein. Er ist etwas modrig und schlammig, und ich muss genau aufpassen, wohin ich trete. Ab und zu stehen größere Pfützen mitten auf dem Weg, der mich durch Dickichte führt, in denen Holunder und Faulbaum, Traubenkirsche und Haselnuss wachsen.

Auch hier sind die Sträucher zum Teil überwuchert mit Schlingknöterich und den sparrigen Zweigen und graugrünen Blättern des Jelängerjelieber. Oft muss ich Zweigen und Ranken ausweichen, die weit in den Weg hineinreichen.

Nach einer Weile taucht auf der linken Seite des Pfades ein hoher Felsen auf. Jäh und schroff steigt er nach oben an. Als ich ganz dicht an dem Felsen angekommen bin, kann ich erkennen, dass er aus schwarzem Basalt besteht. Und als ich nach oben schaue, sehe ich hoch über mir eine Quelle im Stein. Das Wasser fällt als kleiner Wasserfall in ein Becken am Fuße des Felsens. Von dort läuft es als modriger Bach über meinen Pfad und verschwindet auf der anderen Seite im Gebüsch.

Mich weiter durch das Dickicht schlängelnd gelange ich bald in einen Erlenbruchwald. Die Erlenstämme stehen in sumpfigem Gelände, teilweise sogar im Wasser. Unter den Bäumen wachsen Farne und Seggen. Über die überschwemmten Flächen führen glitschige Holzstege. Zeitweilig stößt der Weg wieder auf den kleinen Bach, der in seinem weiteren Verlauf durch eine sumpfige Senke geht. Seine Ufer sind von einem breiten, undurchdringlichen Schilfgürtel gesäumt.

Ich erkenne die dicken, dunkelgrün glänzenden Blätter der Sumpfdotterblume, die runden Halme der Binsen und die braunen, kolbenartigen Blütenstände des Rohrkolbens. Vom Wasser kommt in Wellen ein modriger Geruch herüber. Durch die dicht belaubten Erlen ist es sehr dunkel auf meinem Weg.

Einmal sehe ich, gerade noch rechtzeitig um auszuweichen, eine kleine, dunkelgrüne Schlange hinübergleiten.

Eine kleine Ewigkeit laufe und glitsche ich weiter so den Pfad entlang. Ich spüre, wie der schlammige Grund unter meinen bloßen Füßen beim Auftreten zur Seite und zwischen den Zehen hervorquillt. Der Nachmittagshimmel ist schon seit längerem mit dunklen, schweren Wolken bedeckt, aus denen ein stetiger Regen fällt.

Einmal komme ich an eine Stelle, wo der Weg dicht an den Bach führt. Der Bach wird hier immer breiter, bis er sich zu einem kleinen, modrigen Teich ausweitet. Das Wasser ist sehr dunkel. Ich folge dem schlüpfrigen Uferpfad und auch dieser weitet sich zu einem kleinen Platz und anstelle der Erlen stehen hier hohe Pappeln.

Siebzehn Pappeln zähle ich, die ihre starken, nach oben gebogenen Äste in den wolkenverhangenen Himmel strecken. Es sind Schwarz-Pappeln mit einer sehr dunklen, tief eingerissenen Rinde. Der Boden unter ihnen ist mit altem, halb verrottetem Laub bedeckt, das unter meinen Füßen raschelt.

Ich atme den modrigen Geruch des Laubes ein. Während ich hier unter den großen Bäumen stehe, spüre ich ihre machtvolle Ausstrahlung. In der Ferne kläfft ein Hund.

Mit einem Mal nehme ich eine Bewegung neben mir wahr. Ich schaue mich um und sehe eine dunkle Person zwischen den

Stämmen auftauchen. Es ist Hades, der Gott der Unterwelt. Unter einem schwarzen, regenschweren Mantel zeichnet sich seine gedrungene Gestalt ab. Zwischen den dichten Augenbrauen hat sich eine tiefe Falte in die Stirn gegraben und mit seinen dunklen Augen blickt er mich so eindringlich an, dass es mich unwillkürlich schaudern lässt. Trotzdem fühle ich unmittelbar Vertrauen und ich lasse mich mit Plutos Hilfe in eine Hypnose versetzen. In diesem Zustand gelange ich in Schichten meines Bewusstseins, die mir im Alltag normalerweise verschlossen bleiben. Intensive Erfahrungen und Erkenntnisse werden mir hier zugänglich, und als ich aus meinem tranceähnlichen Zustand wieder auftauche, fühle ich mich ein wenig wie neugeboren. Es ist, als wäre etwas zusammengefügt worden, wo vorher die Verbindung fehlte. Ich danke dem Gott der Unterwelt für diese heilsame Erfahrung und verabschiede mich von ihm.

Nach der Begegnung mit Hades rutsche ich noch eine kurze Weile weiter durch diesen verwunschenen Gartenteil, bis ich wieder zu einer Öffnung in der Eibenhecke komme. Gespannt biege ich um die Ecke ... und stehe in einem überwältigenden Garten. Es ist eher ein weitläufiger, großzügig angelegter Park, in dem es viele große Ahornbäume gibt. Sie stehen entlang der Wege und strecken ihre geraden, weit ausladenden Äste in alle Himmelsrichtungen. Ihr Laub ist schon herbstlich verfärbt und leuchtet in Orange- und Rottönen. Die sternförmig angelegten, breiten Wege führen alle in die Mitte des Parks zu einem großen Platz.

Es sind wassergebundene Wege aus einem leuchtend gelben Lehmsand, auf denen es sich sehr gut gehen lässt. Ihre Ränder sind mit gelben Granitsteinen eingefasst. Außer den Wegen und dem Platz gibt es großzügige Rasenflächen, sodass man überall in diesem Park laufen kann, in alle Richtungen und, wenn man will, immer auf dem kürzesten Weg. Entlang der Wege stehen tiefgelb gestrichene Holzbänke.

Ich gehe auf dem Weg, der an der Heckenöffnung, durch die ich gekommen bin, beginnt, bis in die Mitte zu dem zentralen Platz. Dort steht eine Art Fackel; wie bei einem Bunsenbrenner kommt eine große, schmale, stetig nach oben zielende Flamme aus einem metallenen Rohr. Ich bleibe stehen, betrachte die Flamme und bewundere ihre verschiedenen Farben. Sie brennt sehr gleichmäßig und zeigt genau zum Zenit. Schließlich reißt mich eine Bewegung in meinem Augenwinkel aus meinen Betrachtungen heraus. Ich wende mich um und sehe Jupiter. Er ist von hoher, aufrechter Gestalt mit breitem Kreuz und schmalen Hüften. Seine Bewegungen sind schwungvoll und dynamisch, auffällig sind auch die hohe Denkerstirn und die hellblauen Augen, die manchmal einen stechenden Blick bekommen.

Jupiter überreicht mir eine Fackel. Mit ihr soll ich bei jeder der Skulpturen, die es in diesem Park zu entdecken gibt, eine weitere Fackel anzünden. Und dann würde ich schon sehen!

Also laufe ich quer über die Rasenfläche und mache mich auf die Suche nach den Skulpturen. Als ich einen der Wege kreuze, sehe ich, dass er bis zur Hecke, die den Park umfriedet, führt und sich dort zu einem kleinen Platz erweitert. Und hier steht die erste Skulptur. Ich gehe zu ihr hin und betrachte sie. Sie stellt eine menschliche Figur dar, die in meinen Augen sehr fremdländisch aussieht. Als ich die vor ihr stehende Fackel mit der, die ich von Jupiter bekommen habe, in Brand setze und in ihre Flamme gucke, erlebe ich eine unglaubliche Zeit-Welt-Reise. Sie führt mich auf einen Markt in einem fernöstlichen Land, der in Booten auf dem Wasser stattfindet. Fülle und Farbenpracht der Waren sowie die leuchtend bunte Kleidung der Händler und Kunden fesseln meine Aufmerksamkeit und gerne würde ich stundenlang an diesem Ort verweilen. Aber schon ist die Flamme verloschen und ich bin wieder in dem Park.

Die untergehende, tief stehende Sonne lässt das verfärbte Laub der Bäume entflammen. Ich gehe über den Rasen an der Hecke entlang, bis ich auf ein Staudenbeet stoße, das halbkreisförmig vor der Hecke angelegt ist. Hier wachsen prächtige

Stauden mit auffallend großen Blüten. Ich sehe u.a. die leuchtend dunkelblauen, helmförmigen Blüten des Eisenhuts, die tiefgelben tellerförmigen Dolden der Schafgarbe und die schweren, gefüllten, bis auf den Boden hängenden dunkelroten Bälle der Pfingstrose.

Ich möchte immer nur weiterlaufen, verspüre den Drang, den ganzen Park zu erkunden. Wieder kreuze ich einen Weg und wieder sehe ich ihn vor der Hecke enden und dort einen kleinen Platz bilden. Auf diesem Platz steht eine zweite Skulptur. Es ist eine fremdländische Holzschnitzerei, die einen Elefanten darstellt. Auch hier entzünde ich mit meiner Fackel diejenige, die vor dem Elefanten in den Boden gesteckt ist. Diesmal sehe ich in der Flamme eine afrikanische Steppenlandschaft, durch die Herden verschiedener Tierarten ziehen. Eine tiefe Sehnsucht überfällt mich, die Sehnsucht, einmal die Zeit und die Möglichkeit zu haben, die ganze Welt zu bereisen, in die entlegensten Winkel zu gelangen, fremde Landschaften und Kulturen zu erkunden und sich überall zu Hause zu fühlen, ein Weltenbürger zu sein …

Noch immer habe ich nicht alle Teile des Parks gesehen und es drängt mich weiterzugehen. Ich wandere eine Weile auf dem Weg, der von der Skulptur weg in Richtung Parkmitte führt. Ich genieße es, unter den Bäumen zu laufen und schaue immer wieder in das in der Dämmerung orange und rot leuchtende Blätterdach. Bei einem dieser Blicke nach oben entdecke ich eine Eule in einem der Bäume sitzen. Sie sieht mich mit ihren großen, runden Augen wissend an.

Ein Teil des Rasens ist von den kleinen, azurblauen Blüten des Blausternchens übersät. Sie stehen so dicht, dass man das Grün des Grases nicht mehr sehen kann, sie bilden ein einziges, blaues Blütenmeer. Und nachdem ich wieder eine Weile gegangen bin, entdecke ich eine dritte Skulptur, am Ende eines anderen Stichweges. Sie besteht aus einer großen grauen Steinsäule. Als ich die Fackel davor entzünde und in ihre Flamme schaue, befinde ich mich in dem Steinkreis von Stonehenge. Um mich herum sind viele andere Menschen und dann wird mir klar, dass ich nicht nur an einen anderen Ort, sondern auch in eine andere Zeit gereist bin. Es sind Priester und Priesterinnen in langen Gewändern, die offenbar dabei sind, ein Ritual zu zelebrieren. Auch diese Reise ist viel zu schnell zu Ende und ich befinde mich wieder in dem Ahornpark.

Von Jupiters Reisen noch etwas aufgeregt, gelange ich an einen weiteren Durchlass in der Eibenhecke. Er ist mit einem hohen Tor versehen, welches geschlossen ist. Die Torpfosten sind quadratisch und aus blauschwarzem Stein gemauert. Oben auf den Pfosten liegt jeweils ein anthrazitfarbener, metallischer Quader. Die Torflügel aus Metall sind sehr schlicht und dunkelblau gestrichen.

Ich drücke die Klinke herunter, aber das Tor ist verschlossen. Da sehe ich einen Schlüssel in dem großen Schloss stecken, mit einiger Mühe drehe ich ihn herum. Dann schiebe ich, und ich brauche ziemlich viel Kraft dazu, den einen Torflügel auf und schlüpfe durch das Tor hindurch.

In der Mitte dieses Raumes stehen vier mächtige Buchen, die ihr Blätterdach über den ganzen Garten ausbreiten. Sie sind im Quadrat angeordnet, genauso wie auch der Garten einen quadratischen Grundriss hat. Der Mittelteil, in dem die Buchen stehen, ist abgesenkt; vier Stufen aus dunklem Stein führen hinunter. Mit einer Mauer aus demselben Stein wurde der Höhenunterschied aufgefangen. Durch das Blätterdach der großen Bäume gibt es wenig Licht in diesem Garten. Dieses ruhige Dunkel bewirkt, dass meine Aufgeregtheit abklingt, mehr noch, eine stille Gelassenheit bemächtigt sich meiner.

Ich mache ein paar vorsichtige Schritte auf dem sehr sorgfältig, ebenfalls aus blauschwarzem Stein gebauten Weg. Gleich hinter dem Tor stehen rechts und links von diesem Weg zwei hohe Säulen-Hainbuchen. Sie stehen hier wie zwei Wächter. Die Beete, die an der Außenhecke entlanglaufen, sind von niedrigen, sehr ebenmäßig geschnittenen Buchsbaumhecken eingefasst. Nach einigen Schritten sehe ich, dass der Weg einmal um den Senkgarten in der Mitte herumführt. Und durch den abgesenkten Teil verlaufen zwei gerade Wege, die sich in der Mitte, genau im Mittelpunkt zwischen den vier Buchen, kreuzen.

Ich entschließe mich, zunächst den äußeren Weg zu erkunden, und wende mich nach rechts. Die Pflanzen, die in den mit Buchsbaum eingefassten Beeten wachsen, sind überwiegend immergrüne Pflanzen mit dunkelgrünen, glänzenden, teilweise ledrig wirkenden Blättern. Efeu und Immergrün bedecken den Boden mit ihren Ranken. Leuchtend violettblaue Leberblümchen und weiße Buschwindröschen scheinen sich im Schatten der Buchen sehr wohl zu fühlen. Auch verschiedene Farne sehe ich, Salomonsiegel, Funkien mit weißgrünen und gelbgrünen Blättern, und das Tafelblatt mit seinen großen, tellerförmigen Schmuckblättern.

Jeweils in den Ecken des Gartens stehen immergrüne, in Form geschnittene Sträucher: Eibe, Liguster, Ilex und Lebensbaum. Auf dem Weg stehen in regelmäßigen Abständen schlichte Bänke ohne Lehne, die alle dunkelblau gestrichen sind. Ich setze mich auf eine von ihnen, um ein wenig auszuruhen. Die Abendluft ist klar und etwas kühl, und ich genieße es, meine Lungen in tiefen Atemzügen mit der frischen und reinen Luft zu füllen.

Während ich so im Sitzen meine Blicke durch den Garten schweifen lasse, sehe ich mit einem Mal einen Raben in einer der Buchen sitzen. Er sitzt ganz ruhig und scheint genau wie ich die Stille und die klare Luft zu genießen. Schließlich stehe ich wieder auf, um meinen Rundgang fortzusetzen. Langsam wandle ich auf dem Weg weiter. Nachdem ich den Garten zu drei viertel umrundet habe, gehe ich in den Senkgarten hinunter. Vorsichtig steige ich die vier Stufen nach unten und stehe unter den Buchen; hier scheint es noch stiller zu sein als im oberen Teil des Gartens. Ich gehe sehr, sehr langsam bis zur Mitte. Der Weg ist mit scharfkantigem Splitt bestreut, ich spüre die kleinen Steinchen unter meinen Fußsohlen.

In der Mitte unter den Buchen gibt es einen kleinen, quadratischen Platz. Hier bleibe ich stehen und schaue nach oben in das Blätterdach hinauf. Es ist so dicht, dass man kein Stück vom Himmel sehen kann. Aber nachdem ich eine Weile hinaufgeschaut habe, sehe ich die vielen kleinen Lebewesen, die in diesen Bäumen wohnen: Insekten und Spinnen, kleine Vögel wie Buchfinken, Meisen und Kleiber, die am Stamm entlanglaufen, und auch ein rot-schwarzer Specht ist da.

Mit einem Mal habe ich das Gefühl, beobachtet zu werden. Ich drehe meinen Kopf in die Richtung, aus der dieser Eindruck kommt, und da sehe ich eine Gestalt an einem der Baumstämme lehnen. Es ist Saturn. Seinen großen, sehnig-knochigen Körper hält er kerzengerade und blickt streng von oben auf mich herab. Die gerade Nase und die kantigen Gesichtszüge geben seinem Ausdruck etwas sehr Klares und Geradliniges, sein Haar ist sorgsam frisiert und die Kleidung sitzt perfekt. In seiner linken Hand hält er ein Buch mit festem Einband. Mit einem kurzen Lächeln überreicht er es mir und im nächsten Moment ist er auch schon verschwunden. Ein Blick auf den Titel zeigt mir, dass es sich um ein Yoga-Lehrbuch handelt. Woher wusste Saturn von meinem Entschluss, mich bald mit Yoga vertraut zu machen?

Dankbar für das Geschenk von Saturn wende ich mich dem offenen Durchgang in der Eibenhecke zu, hinter dem ich einen weiteren Göttergarten vermute. Meinem Gefühl nach müsste ich eigentlich bald den gesamten Park durchlaufen haben. Ich gehe also durch die Öffnung hindurch und stehe in einem sehr merkwürdig wirkenden Abschnitt. Er besteht überwiegend aus Schotter- und Steinflächen, die mit Spontanvegetation bewachsen sind. Unregelmäßig verteilt stehen dreizehn Bäume. Es sind Robinien, manche bezeichnen sie auch als Scheinakazien. Sie strecken ihre etwas bizarren Kronen in den abendlichtblauen, klaren Himmel. Ihre Rinde ist tief gefurcht und die hellgrünen kleinen Blättchen werfen ein wirres Schattenspiel auf den Boden.

Da der ganze Garten nur sporadisch bewachsen ist, kann ich ihn fast ganz überblicken. Ich sehe, dass die Wege, die durch den Garten führen, im Zickzack verlaufen. Sie bestehen aus grauem, glitzerndem Splitt. Ungefähr in der Mitte des Gartens steht ein ungewöhnlicher Turm. Er sieht aus wie ein etwas zu groß geratenes Klettergerüst und hat oben eine kleine Plattform.

Ich laufe zunächst auf dem Weg entlang, der hier am Eingang beginnt. Rechts und links von diesem Schotterpfad stehen Kräuter und Büsche, die sich von selbst auf der Steinfläche angesiedelt haben. Die Samen, aus denen sie gewachsen sind, wurden vom Wind hierher getragen. Da gibt es zum Beispiel die Königskerze mit ihrem grauen, pelzigen Laub und ihren gelben Blütenähren. Ebenfalls gelb leuchten die Blüten der Nachtkerzen und des Blasenstrauches, an Letzterem hängen gleichzeitig auch schon die ballonförmig aufgetriebenen Früchte. Auch die baumartige Aralie mit ihrem bizarren Wuchs, den schnurstracks in den Himmel wachsenden, bedornten Stämmen und den großen gefiederten Blättern wächst hier.

Dann, nach einer plötzlichen Biegung des Weges, komme ich an eine Stelle, an der auf einem kleinen ebenen Platz eine Skulptur steht. Ich bleibe stehen, um sie zu betrachten. Sie besteht ganz aus Aluminium und glanzt irritierend in der Abendsonne.

Nun hüpfe ich einen kleinen Schotterabhang hinunter, auf dem ich die graufilzigen Blätter der Eselsdistel und die blauen Blüten der Himmelsleiter entdecke. Plötzlich springt eine große Heuschrecke vor meinen Füßen hoch. Wieder auf einem Pfad gelandet, folge ich diesem, der bis fast in eine der Ecken des Gartens führt, kurz vorher aber eine scharfe Richtungsänderung vornimmt und kurz danach an einer zweiten Skulptur vorbeiführt. Diese hier besteht ganz aus buntem Glas.

Nun gehe ich quer über die Stein- und Pflanzenfläche in Richtung Turm. Mehrere Male muss ich über größere Steinbrocken hüpfen oder mir seitlich von ihnen eine Passiermöglichkeit suchen. Erst während ich die Fläche überquere, bemerke ich, wie bunt die Steine eigentlich sind. Sie schillern blau und silbern, rostrot und ockergelb, schwarz und grün. Durch die klare Luft gaukeln Schmetterlinge in verschiedenen Farben. In dem »Licht der blauen Stunde« scheint die Luft ebenfalls zu schillern und zu leuchten, und alle Dinge sind deshalb sehr klar umrissen und deutlich zu erkennen.

Als ich dann vor dem Turm stehe, sehe ich, dass er aus Plastik und aus vielen unterschiedlichen Recyclingmaterialien gebaut ist. Er ist sehr bunt. Es gibt mehrere Treppen, die nach oben auf die Plattform führen. Eine ist eine Wendeltreppe aus Metall. Eine andere, eine Sprossenleiter mit nur einem Mittelholm statt zweien an den Seiten, besteht aus schwarzem und weißem Plastik. Die Sprossen sind unterschiedlich lang. Dann gibt es noch eine frei baumelnde Strickleiter. Und es gibt eine feste Treppe mit geschlossenen Stufen, metallicblau.

Auf der schwingenden Strickleiter klettere ich hinauf. Oben angekommen setze ich mich und genieße die wunderbare Aussicht und das Gefühl, dem Himmel etwas näher zu sein. Plötzlich nehme ich eine Bewegung seitlich von mir wahr. Ich drehe mich um und sehe mich Uranus gegenüber. Er trägt in der Rechten einen Eimer mit Wasser und ehe ich mich versehe, kippt er mir den gesamten Inhalt über den Kopf. Ich schnappe nach Luft und versuche hektisch, das Wasser von den Kleidern zu streichen und zu wringen. Meinen dann folgenden Zornausbruch nimmt Uranus ungerührt zur Kenntnis; er müsse weiter, sagt er, und ich solle doch noch ein wenig hier oben bleiben. Hier in dem lauen Lüftchen würde ich bestimmt bald trocknen. Was sollte ich tun? Ich bleibe also auf dem Turm und plötzlich merke ich, dass das Wasser, was mir noch in den Augen steht, meinen Blick nicht trübt, sondern im Gegenteil! Es ist, als hätte ich eine ganz besondere Brille auf. Ich sehe die ganze Welt, ich sehe die Zukunft und die Vergangenheit, ich sehe Freundinnen, Freunde, Verwandte und unbekannte Leute. Es kommt mir vor, als erkenne ich die Menschheit, ihre Freuden und ihre Schrecken, die Friedenszeiten und die Kriege, das Leben und den Tod.

Noch ganz inspiriert von der Erfahrung im Uranusgarten finde ich den Durchlass in der Eibenhecke, der mich in den letzten Gartenteil bringt. Ich gehe hindurch und stehe in einer Art Wasserpark. Der größte Teil der Fläche wird von einem See eingenommen. Es gibt keine scharfen Abgrenzungen hier, alles geht fließend ineinander über. Die offene Wasserfläche verschmilzt mit einer Schilfzone, aus der die violetten Blüten der Sumpfiris und die rosafarbenen Dolden der Blumenbinse herüberleuchten. Die Schilfzone geht über in eine Uferzone, in der Chinaschilf und Silberfahnengras wachsen. Auch die pludrigen rosa Blütenstände des Mädesüß, die lilarosafarbenen des Weiderich und die großen, weichen, hellgrünen Blätter des Schildblatt tauchen aus dem Grün der Blätter auf.

Am Eingang, wo ich stehe, beginnt ein schmaler Sandweg. Er führt erst ein Stückchen in Richtung See, dann gabelt er sich und verläuft links und rechts am See entlang. Bei der Gabelung wende ich mich intuitiv nach rechts, gehe also linksherum um den See. Ich spüre den warmen, weichen Sand unter meinen Fußsohlen. Der Sand ist sehr fein und weiß, und ab und zu sehe ich auch ein paar kleine Muscheln. Bei jedem Schritt rutscht er unter meinen Füßen weg, sodass ich nur sehr langsam vorankomme.

Links von mir liegt der See, auf meiner rechten Seite gibt es ein dichtes Weidengebüsch. Der Sandweg schlängelt sich und führt ab und zu ein Stück in das Weidengebüsch hinein. Dann wieder führt er sehr dicht am See entlang und an manchen Stellen ist der Schilfgürtel so schmal, dass ich ungehindert auf die Wasseroberfläche gucken kann. Nachdem ich eine Weile gelaufen bin, komme ich zu einem Baumhain aus Zitter-Pappeln. Der

Boden ist in seinem Inneren ebenfalls mit weichem, feinen Sand bedeckt. In einem der unteren Zweige eines Baumes hängen mehrere Klangspiele. Durch den leichten Wind werden sie bewegt und lassen eine schöne, überirdisch klingende Melodie ertönen.

Ich setze mich in den Sand, lehne mich mit dem Rücken an einen der Bäume und lausche der Musik. Nach einer Weile höre ich, dass auch die Bäume Musik machen; ihre meergrünen, kleinen Blätter vibrieren bei dem schwächsten Lufthauch und geben ein leises Rauschen von sich. Während ich so sitze und lausche, lasse ich Sand durch meine Finger rieseln und einfach so die Zeit vergehen.

Dann – es kommt mir vor, als hätte ich eine Ewigkeit so gesessen – stehe ich wieder auf und trete auf der anderen Seite aus dem Pappelhain hinaus. Der schmale Sandweg führt hier weiter. Ich höre glucksend kleine Wellen ans Ufer schlagen. Ein leichter Wind kräuselt die Wasseroberfläche. Einmal steht, ganz dicht an meinem Weg, ein Graureiher im seichten Wasser. Als ich an ihm vorbeikomme, fliegt er auf und ans andere Ufer hinüber. Blau und grün schimmernde Libellen stehen über dem See.

Der Weg gabelt sich erneut. Ein Teil führt weiter am See entlang, ein schmaler Pfad führt in das Weidengebüsch hinein. Nun folge ich dem, der vom See wegführt, und laufe eine Zeit lang durch das Gebüsch. Nach vielen Windungen endet der Weg auf einer kleinen Lichtung. Der Boden ist hier mit dichtem, feinem Gras bewachsen. In der Mitte der Lichtung steht ein Tipi, ein Zelt, gebaut aus dicken Bambusstangen und Tüchern. Die Stoffe sind rosafarben und türkis, und sie sind mit feinen Silberfäden bestickt. An einer Stelle bilden die zurückgeschlagenen Tücher einen Eingang. Ich bücke mich und trete in das Zeltinnere, wo der Boden mit dicken Teppichen ausgelegt ist. Dort, wo die Bambusstangen oben zusammengebunden sind, gibt es eine Öffnung, durch die man in den Himmel gucken kann. Ich lege mich auf den Rücken und schaue eine Weile in die ziehenden Wolken.

Schließlich stehe ich wieder auf, gehe aus dem Tipi heraus und den gleichen Weg zurück, den ich gekommen bin. Mittlerweile ist die Sonne unter- und der Mond aufgegangen. Es ist Vollmond und die silbrigen Strahlen erleuchten hell den kleinen Pfad. Wieder am Seeufer angekommen, gehe ich linksherum am See entlang weiter. Nach einer Weile komme ich an eine Stelle, von der aus man über Trittsteine auf eine kleine Insel gelangen kann. Ich hüpfe von Stein zu Stein, wobei ich ziemlich aufpassen muss, weil sie mit Algen bewachsen und sehr rutschig sind. Auf der Insel angekommen suche ich mir ein schönes Plätzchen am Ufer, wo ich mich niederlasse und auf die Wasserfläche schaue.

Das Mondlicht glitzert auf kleinen Wellen. Bis auf die Geräusche des Wassers ist es ganz still hier. Nach einer Weile bemerke ich einen leichten Nebel auf dem Wasser. Er wird immer dichter und dichter, bald ist er so dicht, dass ich das andere Ufer nicht mehr erkennen kann. Dann taucht, direkt vor mir, eine Gestalt aus dem Nebel auf. Es ist Poseidon, der Gott der Meere. Mit einer sachten Handbewegung legt er mir Nebel auf die Augen und versetzt mich in einen tiefen, traumreichen Schlaf.

Ich erwache in der Hängematte, die in meinem Garten zwischen zwei Linden hängt. Die Morgensonne scheint mir ins Gesicht, vom Haus weht der Duft von frisch gebrühtem Kaffee herüber und meine weiße Katze liegt auf der Bank an der Hecke. Kurz schaut sie zu mir herüber und es kommt mir vor, als würde sie mir zublinzeln. Neben mir auf einem Stuhl liegen das Yogabuch, der Schleier und das Kuhhorn.

Ausklang

Meine große Hoffnung ist, dass die Astrologie wieder einen angesehenen und geachteten Platz unter den Wissenschaften bekommt. Denn die Astrologie ist, so wie *Rudhyar* es bezeichnet, die vollständigste Sprache des Menschen für Form, Struktur und Rhythmen von funktionalen Ganzheiten. Sie sei »eine ‹Algebra des Lebens›, das heißt eine Methode zum Verständnis der Ordnung, die allem individuellen und kollektiven Leben innewohnt« (S. Arroyo, Amsterdam 2001). Des Weiteren verhilft uns die Astrologie dazu, unsere inneren Kräfte, unser Potenzial und unsere Lebensaufgaben zu erkennen. Eine gute Interpretation unseres Geburtshoroskops zeigt uns, woran wir arbeiten und mit welchen inneren Mustern wir uns in Einklang bringen sollen. Und die Astrologie kann uns zeigen, »dass die ganze Welt eine Bühne ist und dass wir nur eine Rolle spielen in diesem unendlich großen Drama. Eine solche Erkenntnis kann uns einen Überblick und einen Sinn für Humor geben, die es uns leichter machen, mit dem Leben umzugehen«(ebd.).

Mit »Astrologischer Gartenplanung« kann sich jeder und jede die universellen Prinzipien bzw. eine Auswahl der Urprinzipien in unmittelbarer Umgebung erfahrbar machen. Alle, denen ein Grundstück und die Mittel zur Verfügung stehen.

Mein größter Wunsch ist, den Planetenpark aus dem letzten Kapitel tatsächlich zu bauen. Als Stadtpark, als so genanntes Naherholungsgebiet oder warum nicht auch als Schlosspark? Denn ein »Astrologischer Garten« als öffentliche Fläche, die allen Menschen offen steht, wäre eine sinnlich erfahrbare »Schule der Astrologie«, eine Lehre im senkrechten Denken und eine optimale Erholungsmöglichkeit für jeden, so unterschiedlich wir auch alle sind: der Krebs träumt am stillen Wasserbecken, der Löwe lustwandelt durch gelb leuchtende Staudenrabatten, der Steinbock erkundet die Symmetrie des Buchenheckengartens und die Zwillinge plaudern mit ihresgleichen im Parkbistro …

Über die Autorin

Annette Fechner, geb. am 6. Mai 1967 in Bremen, Sonne im Zeichen Stier, Aszendent im Zeichen Fische. Nach dem Abitur betriebliche Ausbildung zur Staudengärtnerin, anschließend Studium der Landespflege an der FH Osnabrück, Abschluss Diplom-Ingenieurin. Danach Gründung und Führung des Garten- und Landschaftsbaubetriebes Grüner Zweig in Ottersberg bei Bremen, seit 1999 freiberuflich als Gartenplanerin in Bremen tätig. Seit 1990 intensive Beschäftigung mit der Astrologie.

Astrologische Gartengestaltung:
»Gartenidee«, Dipl.-Ing. A. Fechner, Bremen
Informationen zu Seminaren und Bestellungen
der ausführlichen Astro-Pflanzenlisten unter
E-Mail: gartenidee-fechner@web.de
Tel.: 0421/79012977

Literatur

Andrews, Lynn: Die Kristallfrau, München 1992

Arroyo, Stephen: Astrologie, Psychologie und die vier Elemente, Amsterdam 2001

Banzhaf, Hajo, Haebler, Anna: Schlüsselworte zur Astrologie, München 1994

Dahlke, Rüdiger, Klein, Nicolaus: Das senkrechte Weltbild, München 1986

Farrant, Sheila: Die Kraft weiblicher Symbole, Braunschweig 1997

Fassbender, Ursula: Die Erde – der vergessene Planet, Freiburg 1994

Fester, Richard/König, Marie E.P./Jonas, Doris F./Jonas, David A.: Weib und Macht, Frankfurt/ Main 1991

Harte, Sunniva: Zen im Garten, Stuttgart 2000

Hitchcock, Helyn: Das große Buch der Numerologie, München 1999

Jordan, Harald: Räume der Kraft schaffen, Freiburg 1997

Kazantzakis, Nikos: Alexis Sorbas, Hamburg 1980

König, Marie E.P.: Am Anfang der Kultur, Berlin 1973

Lachenmeir, Karin: Das Silberrad der Sterne. Eine Astrologie der Frauen, Freiburg 1999

Leroi-Gourhan, André: Prähistorische Kunst. Die Ursprünge der Kunst in Europa, 1975

Linn, Denise: Die Magie des Wohnens, München 1996

Nadolny, Sten: Ein Gott der Frechheit, München 1994

Paris, Ernst-Günter: Der Schlüssel zum Horoskop, CH-Neuhausen 1990
Pogačnik, Marco: Die Landschaft der Göttin. Heilungsprojekte in bedrohten Regionen Europas. München 1997
Pogačnik, Marco: Die Erde heilen. Das Modell Türnich, München 1994
Ranke-Graves, Robert von: Die weiße Göttin, Hamburg 1990
Sullivan, Erin: Venus. Planet der Liebe und Sinnlichkeit, Mössingen 1998
Unger, Heinz R.: Karneval der Götter, Innsbruck 1999

Pflanzennachschlagewerke und -kataloge

BdB Handbuch Teil III Stauden, Pinneberg 1985
BdB Handbuch Teil I Laubgehölze, Pinneberg 1985
BdB Handbuch Teil VII A Wildstauden für Wiesen und andere Freiflächen
Pflanzensortimentskatalog Bruns, Bad Zwischenahn 2003
Pflanzensortimentskatalog Baumschule Wolters, Syke-Wachendorf Herbst 2001
Pflanzensortimentskatalog Staudengärtnerei Pöppel, Stuhr-Seckenhausen 2003
Pflanzensortimentskatalog Rosen W. Kordes' Söhne, Klein Offenseth-Sparrieshoop 2002/03
Sortimentskatalog Blumenzwiebeln Horst Gewiehs, Rotenburg/ Wümme 1998
Hansen, Richard und Stahl, Friedrich: Die Stauden und ihre Lebensbereiche, Stuttgart 1984
Jelitto, Leo/Schacht, Wilhelm und Feßler, Alfred: Die Freilandschmuckstauden, Stuttgart 1990
Maatsch, Richard: Das Buch der Freilandfarne, Berlin, Hamburg 1980
Warda, Hans-Dieter: Das große Buch der Garten- und Landschaftsgehölze, Bad Zwischenahn 1998

Standardwerke der Astrologie

LIZ GREENE

Dreiecksbeziehungen

Astrologie in Beziehungskonflikten
174 Seiten, 7 Abb., Broschur

ISBN 3-925100-65-2

Dieses Buch zeigt Ihnen, wie Sie aus dem Horoskop lernen können, eine Dreiecksbeziehung als aufrichtige Prüfung zu nutzen.
Meistens versuchen wir Dreiecksbeziehungen aus dem Weg zu gehen, denn sie konfrontieren uns mit schmerzhaften Emotionen. Geraten wir in ein Beziehungsdreieck – sei es als Betrüger, als Betrogener oder als Objekt des Betrugs – so hat dies häufig einen tieferen Sinn. Neben den sexuellen Dreiecksbeziehungen unter Erwachsenen, gibt es weitere mögliche Verhältnisse. Das Familien-Dreieck steht meist am Anfang und hat oft lange Nachwirkungen. Es gibt aber auch Dreiecksbeziehungen zwischen Freunden oder einem nicht menschlichen Faktor so z.B. die Hingabe des Anderen an die Arbeit oder an spirituelle Bestrebungen. Häufig gibt es auch Schutz- oder Macht-Dreiecke oder Dreiecksbeziehungen als Mittel zur Erlangung des Unerreichbaren.
Ausgehend von diesen universellen Erwägungen betritt Liz Greene ein neues Gebiet. Sie ergründet, ob es bestimmte Faktoren im Horoskop gibt, die auf eine Dreiecks-Tendenz schließen lassen. Ebenso geht sie der Frage nach, warum manche Menschen eher als andere in derartige Verhältnisse verwickelt werden und was sie dazu antreibt. Neben diesen lebenspraktischen Themen zeigt sie, welche Herangehensweise Ihnen einen kreativen Umgang mit Dreiecksbeziehungen ermöglicht und welche Hilfestellungen Sie dazu aus dem Horoskop erhalten.

CHIRON VERLAG

Standardwerke der Astrologie

BRIGITTE HAMANN

Ihr Lebensziel

Die IC/MC-Achse und der Lebenssinn im Horoskop
288 Seiten, Broschur, 7 Abbildungen

ISBN 3-925100-73-3

Das Lebensziel wird im Horoskop meist an der Stellung des Medium Coeli (MC) abgelesen. Die Vorstellung, dass wir uns von einem Ausgangspunkt, dem Imum Coeli (IC), auf dieses Lebensziel zu bewegen und dass das MC somit das Ergebnis und die Erfüllung dieses Zieles darstellt, ist jedoch unzureichend. Aufgrund intensiver Studien kam die Autorin zu einem bahnbrechenden Ansatz: Das Lebensziel liegt im Ausgleich der Gegensätze, in der Mitte zwischen beiden Polen. Das IC enthält unser schöpferisches Potential. Am MC finden Sie die ergänzenden Eigenschaften, Verhaltensweisen und Themen die Sie benötigen, um dieses Potential in seiner besten Form verwirklichen zu können. Außerdem gibt es einen Fluchtpunkt. Dieser beschreibt wichtige Vermeidungsstrategien, die wir anwenden, um unseren Lernthemen auszuweichen.
Die Autorin beschreibt die spirituellen, psychologischen und astrologischen Deutungsgrundlagen der beiden Gegenpole. Dabei kommen dem IC und dem 4. Haus eine tragende Rolle zu, denn dort ist das, »was unsere Welt im Innersten zusammenhält.« Die zwölf Lebensziele sind in einer anschaulichen und eingängigen Sprache beschrieben.

Da dieses Buch nicht nur Konstellationen beschreibt, sondern auch eine Fülle an Anregungen zur Umsetzung gewonnener Erkenntnisse in das Tägliche Leben enthält, ist es nicht nur für fortgeschrittene Astrologen eine bereichernde Lektüre, sondern auch gerade für Astrologie-Einsteiger. *Meridian*

CHIRON VERLAG

Standardwerke der Astrologie

LIZ GREENE

Uranus im Horoskop

Prometheus und die Kunst,
das Feuer zu stehlen
320 Seiten, 12 Abbildungen, Broschur

ISBN 3-925100-44-X

Uranus ist immer für eine Überraschung gut! Vor allem lässt sich seine astrologische Bedeutung nicht einfach festlegen. Gerne wird er mit dem Begriff »Individualität« gleichgesetzt, doch damit werden die uranischen Kräfte nicht umfassend beschrieben.
In dem vorliegenden Buch zeigt Liz Greene die Querverbindungen zu mythologischen Bildern und zu historischen Ereignissen auf. Dabei stützt sie sich vor allem auf den Mythos des Prometheus, der den Göttern das Feuer der Kreativität stiehlt und den Menschen damit die Möglichkeit zur Bewusstseinserweiterung gibt. Die Strafe des Prometheus steht für den Preis, den wir für nicht gelebtes uranisches Wissen bezahlen.
Uranus' Bedeutung im Geburtshoroskop wird ausführlich besprochen. Dabei stehen vor allem die Stellung in den Häusern, die Aspekte zu den persönlichen Planeten sowie sein Bezug zum Körperbewusstsein im Mittelpunkt.
Im zweiten Teil werden die Transite von Uranus und Saturn untersucht. Indem Li Greene einen mythologischen und psychologischen Zugang wählt, eröffnet sie dem Leser die Möglichkeit, über eine oberflächliche Deutung anhand von Schlüsselbegriffen hinaus zu gelangen. Ein umfassendes und in die Tiefe gehendes Buch über den Planten Uranus im Horoskop, das seinesgleichen sucht.

CHIRON VERLAG

PAOLO CRIMALDI

Chiron, der innere Lehrer

Entwicklungsaspekte im Horoskop
59 Seiten, kartoniert

ISBN 3-925100-48-2

Da Chiron ein Lehrer ist, ist in ihm bereits der Entwicklungsaspekt angelegt. Er hilft uns zu wachsen, auf unser Leben zu achten, ständig im Hier und Jetzt zu leben, ohne aber auf vergangene Erfahrungen oder Zukunftsaussichten zu verzichten. Er führt uns auf der Suche nach dem inneren Licht und lässt uns den Kontakt zu unserem Selbst und zu unserer existentiellen Einsamkeit finden. Die Lehre dieses Planeten für unsere Entwicklung besteht darin zu zeigen, wie wir uns mit uns selbst wohlfühlen, uns selbst die nötige Wärme und Liebe für ein Leben in Harmonie mit der Umwelt geben können. Dies ist eine subversive Botschaft, denn sie stellt die Selbstliebe vor die Nächstenliebe und räumt auf mit dem Klischee der grenzenlosen Liebe für den Anderen, in der man die Eigenliebe vergisst.

Zusammenfassend: ein kurzes, nur knapp 60 Seiten umfassendes Buch, das einen guten Überblick zur Chiron-Thematik gibt, verständlich geschrieben ist und zu einem umfassenden Blick auf Chiron beiträgt.

Standardwerke der Astrologie

ERIN SULLIVAN

Jupiter

Die innere Weisheit im Horoskop finden
136 Seiten, Broschur

ISBN 3-925100-50-4

Jupiter verkörpert unseren Instinkt, um eine neue Weltanschauung hervorzubringen, unser Wissen zu erweitern, in unbekannte Gebiete vorzudringen und uns mit fremden Menschen und Dingen vertraut zu machen. Die Autorin vermittelt einen hervorragenden Einblick in die Mythologie Jupiters. Sie gibt praktische Anweisungen für die Betrachtung der Winkelverbindungen und für einen zeitgemäßen Umgang mit den Mythen. Jupiter, der klassische Wohltäter, kann aber auch die tyrannische Komponente im Horoskop repräsentieren. Seine Weisheit ist ein Ergebnis der Verinnerlichung der weiblichen Archetypen. Wenn wir die ursprüngliche Jupiter-Zeus Allegorie als Ausgangspunkt nehmen, dann ist Jupiter der Held in uns. Oft entsprechen die Jupiter-Regionen in unserem Horoskop (d.h. die eigentliche Jupiter-Platzierung, das 9. Haus und der Bereich des Schützen) jenem Lebensbereich, in dem wir die größte Autorität über Natur und Gesellschaft brauchen. In diesem Bereich ist es unsere Aufgabe, ein Gefühl des Wohlbefindens, der geistigen Sicherheit und vor allem innere Weisheit zu erlangen.

Ein hervorragendes Buch; es vermittelt wunderbare Einsichten in die Fragen des Lebens, der Liebe und der Sinnfindung und ich empfehle es allen, die neugierig sind auf neue Erkenntnisse über den klassischen Wohltäter. *The Mountain Astrologer*